思文 著

中信出版集团|北京

图书在版编目（CIP）数据

说笑：有效有范儿的表达技巧 / 思文著. -- 北京：中信出版社，2020.5
ISBN 978-7-5217-1741-9

Ⅰ.①说… Ⅱ.①思… Ⅲ.①语言表达—通俗读物 Ⅳ.①H0-49

中国版本图书馆CIP数据核字(2020)第054838号

说笑——有效有范儿的表达技巧

著　　者：思文
出版发行：中信出版集团股份有限公司
　　　　　（北京市朝阳区惠新东街甲4号富盛大厦2座　邮编　100029）
承　印　者：三河市中晟雅豪印务有限公司

开　　本：880mm×1230mm　1/32　印　　张：8.5　字　　数：149千字
版　　次：2020年5月第1版　　　　印　　次：2020年5月第1次印刷
广告经营许可证：京朝工商广字第8087号
书　　号：ISBN 978-7-5217-1741-9
定　　价：59.00元

版权所有·侵权必究
如有印刷、装订问题，本公司负责调换。
服务热线：400-600-8099
投稿邮箱：author@citicpub.com

目录

推荐序一　不较劲，表达真实的自己·张绍刚　/ V

推荐序二　想笑就笑的人生，才难得·傅首尔　/ XI

自　　序　没有人不喜欢会沟通的人　/ XV

01. 什么是沟通的"上上策"

说了这么多年话，你真的会沟通吗？　/ 003

大多数的沟通问题都是信息传递的问题　/ 008

懂沟通的人自带分寸感　/ 017

用幽默的方式，解决复杂的沟通难题　/ 026

02. 沟通有技巧，让信息有效地传递

展现风趣幽默的三个条件　　/　**033**

制造意外感，让人快速记住你　　/　**036**

用自嘲、吐槽拉近距离　　/　**048**

敢于把压力说出来，机智化解尴尬　　/　**064**

会捧场，会接话，内向的人也能控全场　　/　**072**

避免交流冲突的回应法　　/　**083**

用演绎代替描述，让表达更生动　　/　**094**

目 录

03. 沟通有边界，让对方舒服地接收信息

把握说话的分寸，明确自己的边界 / 111

用"冒犯"增强魅力，让亲密关系时时保鲜 / 127

拒绝误解，建立良好的家庭沟通模式 / 140

调节氛围，让团队配合更默契 / 146

快速破冰，自如打开局面 / 161

加点幽默，让公众演讲更精彩 / 173

04. 沟通技巧是"术",做人方式是"道"

你的思维方式,决定了你的表达能力 / 189

面对情绪低谷,时间和笑声才是解药 / 192

学会接纳,才能更好地应对变化 / 203

从正面难以解决的问题,站到反面去找答案 / 216

切换视角,修炼自己的趣味和豁达 / 222

番外篇 你不用活得那么用力,也能成为你想成为的人

金钱会随着你的热爱滚滚而来 / 231

尊重别人不等于贬低自我 / 237

最棒的人生,是认清自己的天赋有几分 / 244

推荐序一

不较劲，
表达真实的自己

张绍刚

思文老师要出书了，奉命写个序。我本应该是要介绍老师的高贵品格和过人才华的，但是想到她是一位优秀的脱口秀演员和编剧，赞美得不足会不尽如人意，赞美得过了会落人笑柄，索性，取个巧，讲个故事来比喻一下吧。

《聊斋志异》里有这么一篇故事。

山东临沂有一户姓宋的人家，从上到下老老少少都沉迷于算命看风水。老宋去世以后，俩儿子分了家，各立门户，并积极把风水理论付诸实践，要为老爹找个风水好的墓地。听说哪儿有擅长看阴宅的人，甭管离多远，两个儿子都会争相将其请来，一时间哥俩从全国各地找来了各路高手。

经过一个多月的"艰苦奋战",俩儿子都找到了适合老爹安葬的风水宝地。那么麻烦来了,到底该葬在哪里呢?老大说,葬在我找的地儿,儿孙都能"当大官";老二说,葬在我找的地儿,子女都能"发大财"。谁都觉得自己厉害,谁都说服不了对方,于是哥俩分别动手开始修建墓地。一个多月过去了,到了下葬的那天,送葬队伍浩浩荡荡,但当行进到去往两个墓地的岔路口时问题出现了:老大说往东到他建的墓地,老二说必须往西到他建的墓地。双方展开了唇枪舌剑的讨论,一直到晚上也没分出个胜负。没办法,哥俩招呼大伙儿开始搭棚子,各自安营扎寨。可在搭棚子的时候,哥俩又扛上了。你盖得高,我就在气势上压住你;你奢靡,那我也不能输掉骨气。就这样,哥俩把辩论赛打成了业务赛,开始比拼建筑的质量和规模。

这场比赛就这样打了三年,生生把岔路口打成了一座村庄。老爹也就在棺材里躺了三年。又过了好多年,哥俩相继把对方耗死了。妯娌两个人就开始合计:老这么耗着,什么时候是个头儿啊?再也不能这样下去了。两个人一商量,于是请来大师拿方案,终于选好一块墓地。嫂子说:"弟妹,我觉得这块地行。"弟妹看了说:"这地儿太好了,这肯定就是能出状元的风水宝地啊!老公公就在这儿入土为安吧。"至此,持续了不知道多少年的墓地选址大战硝烟散尽，又过了三年，宋家果然出了一个状元。

这是现代人读起来颇有感触的一篇，因为核心主题大家都很熟悉，它贯穿我们日常生活的始终——较劲。

较劲是一条能证明自我存在的通路。一个人做什么其实不重要，重要的是自己在跟另一些做着相同的事儿的人在"比赛"，并且如果做得比那些人好，就说明了自己的能力高于他人，手段优于他人，存在的价值和意义更是胜于他人。

但是，这只是理想状态，谁说你次次较劲都能较过别人？

如果进行的是同题较劲，如果较劲的对方是自己的同学、曾经的伙伴，那简直就是上天赐予的"神机"！虽然已多年未见，但时光的荏苒并未让大家生分，因为彼此的过往不就是一场未曾谋面却从未中断过的较劲吗？所以，你现在什么职位、挣多少钱、有几套房、身家几何……每一个问题的同题碰撞，都把这场较劲撞击得鲜血淋漓——赢者豪气冲天，输者恨不能找个地缝钻进去。你以为是觥筹交错，实际是刀光剑影。

没人对自己的今天满意，或许也不存在真正的赢家。金钱上输的人可能有个好相貌，房子上输的人可能有个好老公，融资上赢的人可能到现在也没有孩子。但是谁愿意从较劲的战场上败下阵来呢？于是，每每最初的客套会化为最后的冷言冷语，刚开始见面久别重逢的热络也会被恨不得杀死对方的目光戳得体无完肤。

这就是现实的冰冷，所有较劲的人都会装作若无其事地回到自己的窝，延续着失败的痛楚或是胜利的喜悦，一直持续到下一次的遇见，周而复始，再来一回。

和故事中的哥俩一样，较劲到最后，都忘了初心原本是要实现一个美好的心愿。

说道理人人都懂，过自己的日子，干吗跟人家比？你有你的好，我有我的好，为什么要纠缠在一处比来比去？这是宽慰自己的话，要做到，还真是不易。

更何况还有在旁边看热闹不嫌事儿大的，冷不丁跟你来一句"你看人家谁谁谁"，只用这么几个字，好不容易宽慰出来的避风港又会瞬间崩塌。

为啥夸赞思文老师会想起这个故事呢？因为她是我见过的内心深处最云淡风轻的女子，最不喜欢跟别人较劲的女子。

从脱口秀的编剧走到台前，因为一系列高水平的表演，因为能把独立女性的心酸、坚忍用段子笑着讲出来，她成为一个被关注的艺人——有节目了，接商演了，还差一点点就上春晚了。但是什么时候说起来，她的语气都跟说别人似的。谁也别装，当了艺人，99.999%都天天较劲，要不那么多热搜哪儿来的？而思文是那0.001%。

如果内心不把这点较劲剔除掉，是不可能保有对世界和对自己的那份幽默的。

所以，我相信，思文老师的这本书，除了能够收获表达技巧，你也一定能看到一位作者内心的平静。

在今天，多难啊！

是为序。

> 推荐序二

想笑就笑的人生，才难得

傅首尔

很多人问我，如何可以变得幽默。我一般会反问：我怎么知道？很多时候，说话好笑犹如一种天赋，但诚实地讲，并不是如此。别忘了，我们都是哭着来到这世上的。

就像你最终会成为你想成为的人，表达方式也是如此，它和初心有关。一个拒绝在无聊的话题里保持活跃的人，一个对谈笑风生充满期待的人，才会关注自己的表达。然而，真正的幽默，从来不是为了成为某一场合、某一次谈话的焦点，而是日复一日地对"快乐"的永不放弃。

快乐是很难的，尤其当你在冗长的琐碎里浸泡，愁眉不展或许会成为片刻时尚。比如，开车经过无人之境，你突然停下来，放了一首伤感的歌，回忆往昔，感动到不行，为什么这么感动不知道，就是被情绪架上去了，觉得不难过一下，对不起生活。前些年，我也好这样，但现在，我选择看喜剧，或者听相声、脱口秀，一切能让我哪怕短暂大笑出声的事儿，我都珍惜。

年轻时以为"想哭但是哭不出来"很文艺，现在才知道"想笑就笑得出来"的人生，才难得。

笑一笑，不难；发自内心的大笑，可太难了！我喜欢和能让我笑的人在一起，思文，是其中之一。每次和思文吃饭，我都高高兴兴，也只有她会每次叮嘱我：穿好看了再来哦！并不是每个热爱生活的人都幽默，但幽默的人，他们至少努力热爱生活。这种努力，令人感动，是平淡生活中坚定又细微的坚持。

这本书，关于如何幽默地沟通。我当然不敢说，你看完之后的第二天就能学会令人开怀大笑的方法，变成聚会里的"灯泡"，点亮所有人。但我相信，你会产生"做一个有趣的人"的愿望。愿望是一颗种子，是一件值得期待的事儿。有趣，从不为点亮别人，而是使自己的生活闪烁而有生机。

我和思文共同点不多，我们大部分时候是两种女人，但我们对生活是有共识的：我们喜欢自己笑的样子，喜欢在舞台上，用自己能控制的分分秒秒，排遣与生俱来的伤感部分。

换言之，我们都在努力做个快乐的人，这种努力是很有必要的。

生活给了我们许多不够光鲜的感触,但我们渴望乐观,乐观未必可以互相传染,但渴望,绝对可以。

如果一个人有趣,而又不只是有趣,那她真是不得了了!我是不是这样,我不知道,但思文是这样的。我希望她能为大家带来,如同在每一次饭局上令我开怀之余又有一些思考的启发。

那可真是一种享受。

> 自序

没有人不喜欢会沟通的人

万万没想到，我有一天会出书。

自认为不是一个文化人，也没读过什么书，但隐隐明白，胡乱出书是一件丢人的事。但仔细想想，也不是出写真，还不至于形成"污染"。

2019 年夏天，在出租车上突然接到一个电话，一个很可爱的女声说："思文老师，我们想做一个音频课程，讲讲幽默的事情，不知道您有没有兴趣？"我当时正处于无所事事的养病阶段，心想反正闲着也是闲着，那就干起来呗。我并不知道我即将面对的是一项浩大的工程，并且会真的以"思文老师"自居。毕竟在我们演艺行业，所有你能见到的人，都可以称为"老师"，比如艺人老师、导演老师、音频老师、制片老师。一次在录制现场，听到导演老师拿着麦克风大喊："这位观众老师，麻烦您把帽子摘一下！"

于是，我和这位可爱的女生一起，开始了关于幽默课程的梳理。

突然发现，我太擅长把幽默传达给别人了，毕竟我从小就是班里的"笑话大王"，遇到什么事都能绘声绘色地描述给别人。久而久之，我大概明白哪些东西别人会笑，哪些东西还要稍加完善和加工。初二的时候，我坐卧铺去深圳找我妈，路上，有一对夫妻因为补票的问题跟列车员吵了半个小时，我在旁边听完了全程，周围没有人笑，但我觉得他们吵架梗着脖子，理屈词穷，还要硬重复一句话的样子真是太逗了。见到我妈，我就开始给她模仿，我妈和我小姨看了我半天，我妈对小姨说："你觉得她像不像个复读机？"

　　然而，怎么教别人变得幽默，这个问题我从来没有思考过。对于大部分中国人来讲，幽默是个挺新鲜而且挺奢侈的东西。我们从小就活在一个没有幽默感的世界里，不管家长还是老师，都是一副很严肃并且不容你开玩笑的样子。我记得在小学一年级的一堂自习课上，因为我的同桌在他书上的人物肖像上画了一撇胡子，我们俩开始笑起来。我们心里知道不能笑，但禁忌让人更快乐。最后老师让我们俩到教室前面罚站，我俩站在教室前面还是一直笑。过了一会儿老师说："你俩要是不笑了，就下去。"我俩看了彼此一眼，又开始笑，谁也不好意思下去，一直站在那儿笑到了下课。估计老师也很无奈，心想：这俩小孩是不是有病？

　　当时我只觉得，笑是一件既美好又需要被禁止的事情。

　　然而，孩子似乎对幽默有着天然的热情。当时我们家住平房，门口有个鞋匠老爷爷，腿不太好，走路一瘸一拐的，穿着打补丁的工作服。他每天出来修鞋的时候，孩子们都会围在他身边，听他讲好玩儿的故事。比如，一个人上班，裤子的扣子扣错了，想上厕所的时候，裤子死活脱不下来；一个人吃了泻药，疯狂放屁；等等。我们听他讲故事从天亮听到天黑，有时笑得满地打滚。对，这就是孩子们最无法抗拒的"屎尿屁"系列。那时候，只要他一出现，就没人玩游戏了，大家围在他身边，一边看着他掌鞋，一边听他讲笑话，这足以让我们度过一个快乐无比的下午。对于那时的我们来说，有钱、有玩具、长得好看的大人，都没有鞋匠老爷爷让人喜欢。这大概是我第一次领略到幽默的魅力。

　　我怎么也不会想到，自己最后居然从事了一份以讲笑话为生的工作。原以为只是在舞台上给别人讲讲笑话，还能挣钱，还有比这更爽的事儿吗？但真正从事了这个行业我才发现，幽默远远不是讲笑话这么简单。一个好的脱口秀演员，除了能讲搞笑的故事，还需要有针砭时弊的能力、精准的分寸、在舞台上发光的人格魅力，以及跟观众平等对话的亲切感。我见过的所有优秀的脱口秀演员，生活中一定是正直、善良，能够苦中作乐的聪明人。而且你会发现，他们的内心非常干净，他们对人的判断绝不来自你外在的条件、财富、事业和地位，他们对人的评价标准只有一个——有趣。

　　很多人都认为，这么一群说脱口秀的人，多么巧舌如簧啊，情商一定都非常高吧。其实正好相反。我刚做脱口秀的时候，就被这个圈子的人相互之间的说话方式惊呆了。一个男生面对着我的好朋友梁海源大喊："海源！你为什么不回我微信！"海源说："我为什么要回你微信？"这么有内涵的对话，我幼儿园毕业之后就没再听过了。

我们公司的演员对老板也毫不客气。编剧们甚至还把我们又矮又胖的老板写进了《今夜百乐门》，并给他起了个名字叫"小番薯"。老板虽然生气，但也没办法，因为如果连这点幽默感都没有，还开什么幽默公司。实际上，大部分脱口秀演员真的不怎么会跟人相处，包括我。

从最初来到上海，认识刚刚入行扎着小辫儿的池子，以及早已在《今晚80后脱口秀》小有名气的李诞、建国，到现在差不多也有5年了，所有人的生活境况都发生了翻天覆地的变化。但大家见到彼此，还是会像以前一样，讲点好玩儿的事，接一些"大破梗"。所以，这种简单也不是没有好处。前段时间，一个朋友说，他特别怀念上学的时候，同学们可以毫无顾忌地互损，可以没有目的地放肆地笑。我当时觉得自己很幸运，因为我到现在依然过着这样的简单生活。

有时候我想，我的生活是不是有些过于简单了，从来不会跟人客套，也不具备跟不够喜欢的人搞好关系的能力。年过三十，有时候碰到一些大人物，依然会害羞、语塞，不知说什么。在很长一段时间里，我对自己的社交能力颇为怀疑和烦恼，觉得自己不是一个合格的成年人。记得大学毕业的时候，我跟我妈吵架，我妈说："就你这个样子，我看看你到社会上，谁会理你！"

我也觉得没人会理我。即便现在作为一个脱口秀演员，天天上台，我在生活中也依然是一个害羞、话不多的人。

于是，我学过送礼，学过主动跟领导说话，但都没学会，反而显得极其笨拙和可笑。索性放弃，爱咋咋吧。十年过去了，我不但成为一个正常的成年人，而且交到很多非常优秀的好朋友。在工作中，我也能把事情沟通得清晰顺畅，跟大部分人在一起也都挺愉快的。

我突然发现，社交和沟通能力并不意味着你要跟每一个人搞好关系。现代社会，每一个个体都越来越独立，大家讲究更多的是高效合作，而不是低效人情。况且，大部分的人不会因为你好相处而跟你相处，大家更多的会因为你强大而跟你相处。

我每天都会收到很多微博私信，问我如何跟别人相处。有人说，宿舍里其他人相互关系都很好，就跟他关系不好；有人说，跟男朋友在一起没有安全感怎么办；有人说，老师不喜欢他，很痛苦。我明白他们身处其中的煎熬，因为我也都经历过。

但经过这么多年的起起落落，我也明白了，是否招人喜欢根本不那么重要。把事情做得专业，对人诚恳，这样的人没有人会不喜欢。与其花费很多精力去钻研如何成为一个受欢迎的人，不如把自己的活儿干好。工作中，你专业、强大、不情绪化；生活中，你正直、善良、有趣。问心无愧，有成就感，你就会愉快，自在。

当然，不管是工作中的专业，还是生活中的幽默，都需要建立在会沟通的基础上。工作中的沟通，需要条理清晰，传达明白，尊重别人，也尊重自己；生活中的沟通，需要有立场，有边界，能够散发魅力。

在这本书里，你可能学不到如何做一个受欢迎的人，但也许你能明白，即使不那么努力地受欢迎，我们也一样可以活得快活。

此时正值2020年的除夕，我在山东的小山村里等待过年，窗外鞭炮阵阵，手机上不停地刷新着新冠病毒的疫情信息，电视上播着我差点儿就能上的央视春晚。中国人在这一年，被迫放弃了过年的出行和亲人的团聚，每个人想必都百感交集。

人生就是这样吧，总有遗憾，又总要前进。岁月在流逝，但它也能带给我们礼物。祝我们都能强大，自由，快乐，富足。

01. 什么是沟通的"上上策"

沟通技巧是"术",做人方式是"道"。有边界,有自我,有分寸,有魅力,是我们在沟通这件事上给自己设置的终极目标。

说了这么多年话，你真的会沟通吗？

说话这事没有门槛。从牙牙学语到垂垂老矣，没有人能记得自己一生说过多少话。然而，能说话，不代表会沟通。沟通能力仰仗的不是年龄、财富乃至智商等条件，它包含着表达能力和倾听能力。支撑你沟通能力的是知识、综合素质以及同理心。

我曾经遇到过这么一件事，让我感受颇深：

有一年春节，表姐终于带了男朋友回家吃饭，这也算是正式上门。饭桌上，大家边吃边聊，气氛也算融洽。可能是老丈人看女婿，一开始总有那么点不顺眼，舅舅突然说："你们年轻人喜欢说'男神''女神'，可是现在的'男神''女神'旁边怎么都是'矮穷矬'？"

瞬间，空气凝固了。"矮穷矬"，用来形容表姐的男朋友真可谓精准。这时候，表姐笑着问男朋友："男神，你是怎么看上我这个'矮穷矬'的啊？"

在场的人顿时松了口气,大家笑了起来,桌上的氛围终于归于正常。

那是我第一次深切感受到,语言真是一件了不起的武器。一句话,既能让人难堪,也能帮人解围。

但是会说话并不容易。这是因为沟通涉及人,而人本来就是复杂的、多变的。凡事只要涉及人,就得靠琢磨,就得有技巧。不琢磨,你都不知道自己哪句话说错了;没技巧,这次错了,下次依旧不知道该怎么说。

毕竟,沟通太重要了,对外,你的表达影响着你的社会形象、人际关系、发展机遇;对内,你的言谈决定了你的家庭和睦、个人幸福。

与人沟通,你面对的是个复杂问题,有时"怎么说"比"说什么"重要太多。比如,每次遇到的人不同,所处的场景也不同,该说什么话、把握什么样的分寸、言语间如何往来,都需要揣摩。然而,不同性格的人如果不经过训练,就很难改变自己说话的方式。比如,性格内向的,容易少言寡语、词不达意;天性善良的,容易讨好他人、不知拒绝;个性张扬的,容易言语热烈、不知轻重……

如何掌握沟通的技巧?当然可以靠自己思考、靠观察身边会说话的人,只是,这样一来你可能需要花费大量的时间,交些得罪人的学费,因为沟通其实是个技术活。

我和你一样，都曾经因为沟通表达存在问题而深感苦恼。刚参加工作的时候，有很长一段时间，我都担心自己是不是情商过低，完全没有人际沟通能力。年过三十，有时候碰到一些大人物，依然会害羞、语塞，不知说什么；面对社交场合，还是不知道该如何打开话题，如何不冷场；面对领导或权威，不仅无法正常地友好交流，也不知道该如何表达自己的合理诉求。

曾有一度因为持续加班，我实在受不了了，想跟领导申请休几天假或调整一下工作节奏。但是马上我又自我否定了："算了，领导肯定不会答应。"最后程璐对我说："即使领导不答应，你也应该先提。提不提是你的权利，答不答应是他的权利。你不提，领导永远不会知道你有这样的需求。"

但直到最后，我还是没跟领导提出来。现在想来，好好沟通，用友好而有效的方式提出自己合理的诉求，是多么正常，同时又是多么艰难。所以，我太理解一个普通人在人际沟通上的苦恼了。

真正让我成长为现在这样，在沟通中能够自如、顺畅，不用再感到焦虑，是成为脱口秀演员之后。其中有两件事对我影响深远。

第一件事，当你身边都是热爱搞笑的人时，大家的日常交流就会增添一件类似比赛的事情——"抛梗"。无论你说什么，都会有人抛一个梗，搞笑一下，不然，这句话似乎就没及格，或者是没有说完。一开始我觉得，跟这些人讲话真的好累，好像不搞笑就没有资格讲话，显得自己智商很低的样子。但当你能够跟上节奏，同时也能参与到这个日常交流的游戏中时，就会感受到一种奇妙的乐趣，似乎可以从任何事情中挖到"梗"。

同时，脱口秀演员的这种特殊交流方式，无形中给日常沟通提出了更高的要求：只要是你说出来的话，就必须搞笑。

其实，很多时候，在人与人的交流中，氛围的作用远大于实质性内容。跟一个轻松愉快的人随便瞎扯，远远比严肃认真地聊行业干货让人感觉美好。与人沟通最怕害羞、紧张、有心理负担，当你豁出去还得搞笑的时候，反而能彻底放松下来。

第二件事，日常的工作要求我不得不"会沟通"。尤其是在喜剧综艺《吐槽大会》的制作中，我们作为编剧，要帮助明星打磨脱口秀。每次写稿前一定要做的一个工作叫作前采，即直接和明星对话，理解明星的性格、表达方式、观点等。这就意味着你要在一个小时之内，跟他们进行深入灵魂的交流，同时，让他们信任你的专业能力。

面对一个需要吐槽别人的节目，明星通常都是非常有戒备心的。记得有一回，我和另一个同事去和一位明星前采，刚见面明星就问："你们是脱口秀编剧？"（意思是，你们看起来普普通通，好像不怎么专业的样子。）

这时候就需要"破冰"。我说："对，能来见您是因为我俩是团队里长得最好看的。"对方笑了，后面的工作都很顺利。

我非常幸运，自那之后，我惊奇地发现，沟通很难，沟通也很简单，你不需要面面俱到，只要掌握几个技巧，就可以在各种场景游刃有余。比如，在上面这个例子里，我只用了一个"转移矛盾法"，就把对方对我们专业能力的质疑转移掉了。

于是，我开始结合自己脱口秀的专业，系统梳理沟通表达中的方法、技巧。不知不觉，这些方法给我带来很大改变。作为一个籍籍无名的节目编剧，我能让明星敞开心扉，愿意听我的建议，甚至让我告诉他们在台上怎样表达会更好，这都依赖沟通的本事。

同时，当我把这样的技巧用到生活中的时候，遇到冲突可以轻松化解，遇到矛盾能够巧妙转移，遇到机会还能得体争取，无论是跟老板、同事、家人、朋友，还是门卫、保安、滴滴司机，都能愉快地聊天。这些方法并不难，平凡如我也能有这样的改变（做脱口秀之前我拥有 7 年普通白领工作经验），你也一定可以。

在这本书里，我把我的方法分成两个层次和三个部分。所谓两个层次，就是我在副书名里说的"有效"和"有范儿"。所谓有效，就是让表达信息的两个维度——发出和接收都有效。所谓有范儿，就是指你的底层心态。因为没有好的心态，表达就如同无源之水、无本之木。我愿意以幽默为杠杆，撬动有效表达在人与人之间的连接，更愿意将我的心得与你分享，在沟通这条路上，我们一起有"说"有"笑"。

大多数的沟通问题都是信息传递的问题

前段时间我招了一个助理。有一天，他非常苦恼地对我说："我特别不擅长拉关系，跟领导沟通不会拍马屁，在公司总没有存在感。"

我说："跟领导沟通不需要拍马屁啊。"

他一愣。

我接着说："如果你什么都干不好，拍马屁是没用的，领导喜欢的是业务能力强的。跟领导沟通，把业务说清楚，比刻意讨好重要得多。"

这个道理看似简单，但是很多人就是不明白。

事实上，沟通从来不是拉关系，沟通的本质是有效的信息传递。[①] 好的沟通有两层含义：第一层含义是"沟"，意思是架起一座桥梁，准

---

① 从信息科学的角度来看，人类沟通的本质是社会信息的传递。也就是说，人类沟通是一种交换信息的主观行为，然后才是这种行为引发的社会联系和互动。

确、高效地传递信息;第二层含义是"通",意思是要让这座桥梁畅通,让对方舒服、有效地接收信息。

沟通的本质

"沟":准确、高效地传递信息

我们面对的大多数沟通问题,都是信息传递的问题。你和一个人沟通不畅,要么是说话抓不住重点,不知道怎么表达;要么是跟对方沟通完之后,感觉很不爽。

关于说话抓不住重点,典型的情境就是开会的时候。我们在开会时最怕遇到一种发言者:一张口就停不下来。本来大家想集中讨论一个问题,他却从很多不相干的问题讲起,滔滔不绝,迟迟讲不到重点。这样的人如果还是一位领导,真的能把人逼疯。

你可能会想:"还好,我不是。"但是,你有没有与人沟通啰唆、没重点,或者铺垫太长,进入关键信息太慢的问题?你是不是也曾经觉得滔滔不绝就是口才好?

高质量的沟通是要能够准确、高效地传递信息。

我们在创作段子的时候有一个原则——精简。精简的背后就是准确、高效。简洁即幽默,任何冗余和累赘都是搞笑最大的敌人。如果你传递了太多无效的信息,最后讲出笑点的时候,大家往往会觉得:啊?最后就是这个吗?

因此,我们在讲段子的时候对自己有一个要求:一个段子,除了对"梗"有用的信息之外,一个字都不能多留。多留一个字就会削弱梗的一分效果。同时,我们也会提醒自己,哪怕想表达的内容比较复杂,也应当尽量简单明了,让听众不用大费周章就明白你在说什么。事实上,如果你不能用简单明了的语言表达你的想法,那就说明你还没有想明白。

这样说还是有点抽象,我给你举个例子。我在第二季《脱口秀大会》上说过一个段子:

> 女人啊,即便是美貌,也需要你的经济能力做支撑。因为你可以买各种衣服啊,护肤品啊,美容卡啊。俗话说得好,没有丑女人,只有穷女人。你别看吴昕现在长得好看,你都不知道她以

前没钱的时候,有多年轻。

这段话的铺垫就很简洁,听众一下就能捕捉到笑点——女人有钱才好看。吴昕有钱好看,没钱的时候,一个干脆的反转——年轻!

但你想想,这段话如果加上一些废话,就会变成这样:

> 有一句俗话,相信很多人都听过,叫"没有丑女人,只有穷女人"。这句话说的就是女人要有钱,你不够漂亮是因为你没有足够的经济实力把自己打扮漂亮。只要你有钱,就能花钱让自己变漂亮,你可以买各种衣服啊,化妆品啊,护肤品啊,做保养,做美容……就拿吴昕来说吧,她现在长得多好看啊,但是你如果不看她现在,放到以前再看她,那个时候她啊,很年轻。

是不是觉得啰里巴唆的,这是在说啥呢?

我经常碰到这样的情况:跟朋友一起见证了一件好玩儿的事,他想叙述给别人,讲到一半,他忽然发现自己讲得一点也不搞笑,于是转向我,说:"你来,你来。"我接过"接力棒",一般都讲得还不错。这主要是因为我已经习惯了简洁的语言节奏,而大多数人总是习惯给故事添加一些无关紧要的细节,大大削弱了故事本身的搞笑程度。

日常沟通也是一样，信息传递需要提纯。你可以尝试把想表达的内容列出来，再把无关的信息都删掉，剩余的按照有序的方式说出来就可以了。

比如，跟工作伙伴对接一个具体的项目，不用发给对方一篇小作文：

××老师您好，非常抱歉打扰您，知道您最近很辛苦。这里有一个新项目想跟您确认一下，这是今年比较重点的一个项目，我们想考虑由您出任演员阵容中的一员。这个项目……

你只需要列出对方希望听到的信息：

- 这个项目是什么；
- 分工如何；
- 时间安排是怎样的；
- 能获得的收益是什么。

最后在说话的前后加上一两句客套话就可以了。

沟通不是拉关系，沟通是用来维系关系的，这就涉及沟通中的"通"的作用。

"通"：有来有往，让人舒服地接收信息

"沟通"的英文是 communication，也可以用 talking。这两个词都有双向往来、对话的意思。沟通就是要从"单向输出"变成"双向往来"。

我们日常面对的沟通场景，往往不是单向的表达就能搞定的。人与人之间的沟通需要传递信息、接收信息，再反馈信息。在这个过程中，如果还能把握谈话节奏、调节气氛，让人觉得很舒服，那就是沟通高手了。

如何做到这样的"双向往来"，以及让人舒服地接收信息？这里我可以分享两点：

1. 控制情绪，不阻断沟通

情绪化，是沟通顺畅的天敌。你一定有过这样的经历：双方坐下来，如果沟通顺利，问题解决，那么皆大欢喜；但如果你这一方开始情绪化，即使你说的话并没有什么问题，对方也一定能感觉到你内在的情绪暗涌，对方的情绪再反馈回来，往往就无法理性地讨论了，甚至会上升到争吵或冷战，沟通就被阻断了。这样的沟通在家庭生活中，几乎每天都会见到。

有人把这种现象称为"情绪化的螺旋效应"，即一方的情绪导致另一方更大的情绪，随即形成一个不断上升、不断放大的螺旋，直到不可收拾。

想要在沟通中避免情绪化，一个简单的办法就是避免用反问句。现实中，很多人说话都会不自觉地用反问句。比如，上级对下级说："这个问题你都没想明白吗？"妻子对丈夫说："连个碗你都不会洗吗？"父母对子女说："这么简单的题怎么就教不会你呢？"

反问句背后是强烈的情绪，可能是理所应当、不满、质疑，甚至是鄙视，而潜台词就是"你连这个都不明白，真蠢"。说话的人以为自己在陈述现象，听话的人感到万分难受，又不明所以，反映到沟通上就是抗拒、反驳，从而阻断正常的交流。

正确的做法是尝试多用陈述句，比如，"这个问题你回去还得再考虑一下""碗可能不够干净，得再洗一次""这道题，从这个角度，你再想想"，甚至多站在对方的角度理解别人，因为不是每个人想的都和你一样，也许对方真的遇到了困难。

把反问句从你的沟通语系里删掉，你的沟通会顺畅很多。

2. 放下评价，与对方共情

如果想在沟通中让对方愿意听你说，也愿意说给你听，首先要放下评判。比如，当别人告诉你，"我35岁了还没有结婚"。这时你不要急着做负面评判："啊？你怎么回事啊？"当然，你也不需要做正面评判："哦，不结婚很好啊，自由自在。"如果人家正为此苦恼，听到你这样的评价，也会不敢表明态度，否则会显得自己很弱智。

正确的做法是先试着共情，比如你可以说："嗯，那你现在的生活觉得享受吗？"放下第一步的评判，对方才愿意试着敞开心扉。

沟通需要营造氛围。我们看到好的谈话节目主持人，不管面对什么样的来宾，都能让对方侃侃而谈，就是因为他们善于共情。当对方觉得"被理解"，认为"你站在他这边"，你们的谈话氛围就放松下来了。

这一点我深有体会。在做《吐槽大会》的时候，我们需要对明星进行采访，了解他们的经历，尤其是槽点，以及他们本人面对外界巨大的负面评价时的内心想法，之后才能进一步创作脱口秀。了解经历还好，要让明星复盘自己过去的痛苦经历，说说背后他们是怎么想的，那就难了。

最好的办法是让他们感受到你的诚恳——不评判，与他们站在同一边。对于一个向来以犀利著称的嘉宾，你不能问他："你为什么这么毒舌？""网上都说，您这样说话欠妥当。"你得这样说："当时是什么样的情况，会让您选择这么做？""作为公众人物，面对这样的绯闻，您会觉得压力很大吗？您当时是怎么度过这段时间的？"

当他们感受到和你的关系不是对抗的，才可能愿意聊下去。

你在生活中也是一样的。所谓共情，就是抱着理解的态度，尤其是对那些看似不合常理的状况也表示理解。

比如，一个朋友告诉你："我这辈子不打算结婚了。"跟前面的例子不同，这里，他已经表明了态度——不结婚了。那就先不评判，顺着"不结婚"聊聊背后的原因。你得首先跟他站在一边，问他："结婚是很烦，是不是觉得还是一个人生活比较自在？"你要先表示理解，再提供一个你所猜测的方向。他会明白，你不是简单敷衍的认同，你是对这件事也有切身的体会，这样沟通就能进行下去了。

要知道，人整体是趋于理性的，每个人接收的背景信息不同、立场不同，言行就会不同。一个总提不合理要求的合作伙伴，可能是因为他们公司有特别的考核指标；一个总是更换指令的领导，可能正面临着市场和资金的压力；一个放弃高薪稳定的工作、"瞎折腾"的朋友，可能有他未实现的平常人不能理解的理想。

站在对方的立场，你愿意听，他愿意说，你们的沟通有来有往，信息就流动起来了。这样的交谈，双方都会感到很舒服。同时你也会发现，这个世界任何怪诞行为的背后，其实都有它的合理性。对世界理解更深一些，也是成熟的前提。

说了这么多，你会发现，无论是控制情绪，不把情绪施加在沟通对象身上，还是学会共情，愿意倾听，不评判对方，都涉及一个关键词——边界。其实沟通的核心就是把握好边界，既能让自己有效地传递信息，也能让对方舒服地接收信息。

很多人管这叫"情商高"，我习惯称之为"有分寸"。

懂沟通的人自带分寸感

我有一对闺蜜,我们彼此无话不谈,却因为一次聚会,关系渐渐淡了。起因是朋友说起她俩关系真好,一个闺蜜说:"那当然,我俩是互补型。我智商高,情商低;她相反,尤其一谈恋爱,她智商就是负数。唉,就你那男朋友,那么不上进,我肯定是看不上的。"看得出来,这位朋友情商确实是低,智商也存疑。

可想而知,另一位闺蜜听了,脸色肯定不好看。

我们身边常有这样的朋友,说一句"我这人就是情商低""我说话直,你别介意",之后说话就不顾场合、没有界限。事实上,人和人的关系再好,有些事也不能随意评价,比如智力、情感、工作状况、对方的孩子等。随意评价,你就是越界了。这就涉及沟通的边界问题。

建立好沟通边界很重要

"边界"是心理学上的概念。我们都知道人和人是不一样的,"我"不是"你","你"不是"我","我"也不是"他"。这个区分

"你""我""他"的不同之处，就是边界。因为我们不同，所以沟通要有边界。

我们在物理边界上很明确：有人闯进你的家里，或者抢走你的东西，你第一反应是反抗或者报警，因为他侵犯了你的物理边界。但是对于心理边界、沟通边界，很多人比较模糊：有人让你做你不想做的事，或者在言语上让你受到伤害，你会怎么办？

你可以在言语上反击回去，但是这种反击在大多数情况下会被视作不礼貌，于是许多人会选择忍让、顺从，甚至有人可能都不明白自己为什么感到不舒服，也不了解自己是不是有诉求。

在人际沟通中，建立好沟通边界是尤为关键的一点。

我们说过，沟通之所以复杂、捉摸不透，是因为涉及人。我们面对的是自己和他人的一个动态的利益平衡。

很多人在沟通中容易感到"被强迫""不舒服"，是因为他们在别人与自己之间有这样的纠结权衡：顾及一方，好像另一方就会受到冲击，于是通常会有一方隐忍，以保全更长久的关系。长此以往，隐忍的一方必将爆发或离开，对双方关系造成不可弥补的创伤。

比如，长时间加班后，领导又安排了新任务，员工不想做，但在实际沟通中又勉强答应下来；妻子和丈夫看似恩爱，可是丈夫总觉得受到了妻子的控制，妻子又觉得丈夫不坦诚；女儿很爱母亲，却总觉得无论自己做什么，都会受到母亲的指责，让她感到很沮丧。

如果能在人与人的沟通中划定好边界，这一切问题就变得简单多了。因为你一旦划分清楚了你和他人的界限，你就知道在沟通中，哪些是"别人的问题"，哪些是"我的问题"。别人的问题，你无法控制；你的问题，则由你掌控。

这样一来，你会发现在沟通中是有选择的。就拿丈夫和妻子的例子来说，如果划定某些隐私是在丈夫的个人边界之内，那么即使妻子强迫丈夫坦白，丈夫也有权说"不"，而妻子也应当尊重。只是这个界限在哪里，需要夫妻双方互相磨合。

如何划定沟通边界

你可以先围绕自己画一个圆，这个圆就是你在人际沟通中的个人边界。它区分了你和外部世界，也划定了在沟通中让你感到安全的范围。

具体来说，圆以内是你的个人空间，他人能否触碰，由你自己掌控；圆以外是外部世界，他人可以触碰，不受你的掌控。在这样的基础上，你就可以界定哪些是在圆圈内的你的隐私，你有权利对某些人打开，也有权利不和人分享；你可以界定哪些是你的事情，这样，别人的事情你再想帮忙，也知道可能会爱莫能助；你还可以界定哪些是你自己的情绪，哪些是别人的情绪。当别人挑战你的界限时，你可以调出这张表，告诉自己：他已经侵犯到我了。也许你还没有能力不受别人的侵扰，但起码你已经有了边界的意识，这是建立自我边界的基础。

你可以试着画一张属于你的个人边界图,界定一下你的隐私、属于你自己的私事、你的情绪等。

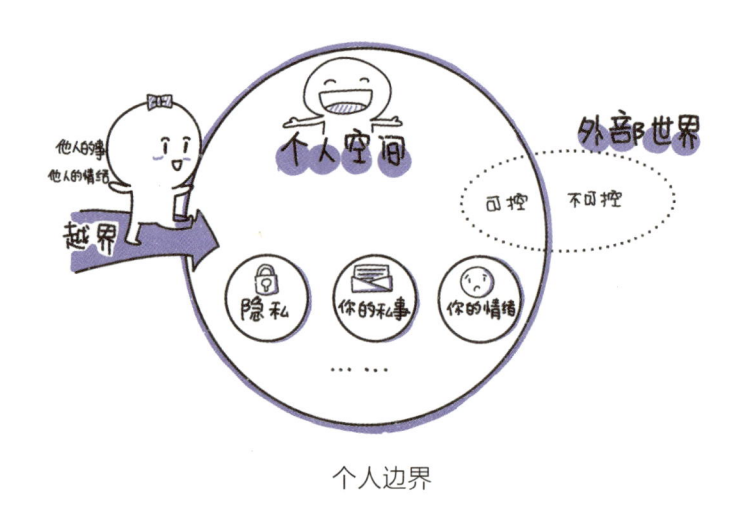

个人边界

在人际沟通中,如果能建立好个人边界,你会更有确定感——别人侵犯了边界,你能理性判断"他越界了",进而解决问题,而不是莫名的委屈、愤怒;如果触及他人的边界,你也知道不能随意侵犯,继而把握好沟通的分寸。

边界问题在所谓开玩笑中表现得尤为明显。有不少人开玩笑不懂得轻重,对别人造成了伤害还不自知,就是因为边界意识不强。反过来,如果有人风趣幽默，谁都愿意和他沟通，那他一定非常擅长把握言语往来间的分寸。

幽默本质上是一种假性攻击。你一定有过和人玩闹，互相胳肢的经历。如果手太轻了，对方感受不到"威胁"，起不到效果；如果手太重了，就变成打人了。中间这个"度"，非常重要。

这种分寸拿捏的背后，是能够敏锐地觉察到自己和他人的边界，用好边界，也尊重边界。

如何用好沟通边界

在幽默沟通中有一个概念：边界弹性。这个概念在日常沟通中一样适用。

我们在不同的关系中，沟通的边界弹性是不一样的。关系越亲密，你和对方的边界弹性就越大。你们在各自的边界范围内，可谈的越多，容错率也就越大。比如，在亲密关系中，哪怕对方偶有越界，你也可以接受；但如果是陌生人，触碰了你的边界，你的感受就会很不好。

注意到边界弹性，能帮助你把握好沟通边界，和他人建立起健康的沟通关系。

常见的边界关系

由近及远，我们将边界关系分为以下几类。

1. 亲密关系：把握沟通边界，让爱情保鲜（边界弹性 =5[①]）

亲密关系中的沟通边界最为微妙。一方面，边界弹性最大，意味着你可以适度冒犯。因为有时候稍有越界，反而能增添情趣。但是另一方面，两个人即使再亲密，也是不同的两个人，不同的人之间就需要有边界。

这段话看上去像废话，但在实际沟通中却很容易被忽略。我们经常听到恋人、伴侣之间说话不注意，口不择言，也经常看到爱人之间互相捆绑、不留空间，比如女朋友追问男朋友的感情史，丈夫追问妻子正常的社交往来。亲密不等于无间，越是亲密的关系越容易受伤害。

因此，亲密关系间的沟通边界，更像是对双方的保护，不是毫无保留才是真心相待。尊重对方的界限，你们的爱情才能保鲜；尊重自己的界限，感到不舒服时，你有权利说"不"。

2. 家庭关系：把握沟通边界，提升你的幸福感（边界弹性 =3~4）

成年人与父母、长辈的沟通，几乎是所有沟通关系中最难的。因为在孩子成长的最初阶段，父母与孩子的边界几乎是重合的，孩子想要了解外界、确定自己的位置，完全由父母引导。而随着孩子逐渐成年，他们开始自己划定边界，需要与父母分离，这时候要把曾经重合的边界分开，建立新的边界和位置，相当困难。

[①] 这里用 1~5 代表不同沟通关系中边界弹性的大小。数值越大，边界弹性越大。

同时，随着年龄的增长，子女和父母间的边界弹性也逐渐减小。比如，小时候觉得被要求穿秋裤是正常的，成年之后，"穿秋裤"成了表达抗议的出口，"我妈觉得我冷"也被翻来覆去地讨论了好多年。这种不断变化的动态关系，使得家人间的沟通越发复杂。

但是好在家人间的边界弹性总体来说还是比较大的，关系纽带也相对牢固，经得起试错。如果能把握其中的关键，家人之间的沟通状态会慢慢得到调整。对于这样的情况，我会在本书的后续章节与你分享，比如如何从根源上和家人建立好沟通边界，如何避免误解，如何用幽默的方式缓和气氛，等等，这些都能帮助你提升家庭生活的幸福感。

3. 职场关系：把握沟通边界，在职场中受欢迎（边界弹性=2）

在职场关系中，沟通的边界弹性相对较小，这意味着你和领导、同事、合作伙伴之间要格外注重职业化，即在沟通中尊重彼此的界限，不触碰对方的禁忌。同时，由于职场关系的边界弹性小，如果在沟通中发生过火越界，职场的容错率也是很低的。

特别要注意的是，职场中往往存在上下级或者强势与弱势的不平等关系，在这样的情况下，想要让自己说话有底气，就需要与他人建立起平等的沟通边界。我们在公司中总能看到两类人：第一类人，同事、领导有什么事，都是他在帮忙，但他的付出与收益似乎并不成正比；第二类人，只做好分内的事，但是领导同事都欣赏。

很多人会认为，能够轻松搞定领导的一定相当会处理关系，但事实上，任何一种结果都是平日里无数微妙的沟通互动带来的。一味地讨好换不来欣赏，平等的边界才能让你成为人格完整且值得被尊重的人。

4. 社交关系：把握沟通边界，自如打开局面（边界弹性=2）

当代社会正处于熟人社会向陌生人社会的转型。在社交关系中，你与遇到的朋友沟通的边界弹性是不确定的。有的人性格随和，接受度高，你们沟通的边界弹性就大一些；有的人为人谨慎，不易亲近，你们沟通的边界弹性就小一些。

那些在社交聚会中跟谁都聊得来的人，往往擅长在短时间内把握住不同人的交流边界。你和一个人沟通很舒服，是因为他能够照顾到你的谈话感受，也明白跟你谈话的禁区。有幽默感的人，在这方面都有很好的敏感度，能够迅速判断当下沟通场景的氛围，以及沟通对象是紧张还是放松，从而调整跟对方谈话的策略。本书后续章节会与你分享一些技巧。

5. 陌生人关系：把握沟通边界，扩大你的影响力（边界弹性=1）

这里说的陌生人关系，主要是指你在公开场合可能遇到的沟通关系。这在熟人社会中可能很少需要专门阐述，但在当今社会，能够和陌生人做好沟通，向更多人传递你的观点，已经成了一个人输出影响力的重要手段。比如，登台演讲、会议发言、论坛分享等，这些都是你展现自我、建立影响的机会。

在这个过程中，你希望表现得体，就要把握好正式场合的沟通边界。其中的难点不在于不触碰边界，而在于能够敏锐地感知到，眼下的场合哪些话是大家有共鸣的，哪些话是不合时宜的。巧妙地抓住现场的共鸣，能让你的讲话更有魅力。

然而，不管在任何场合，或面对任何对象，我们都需要明白，我们沟通的目的并非讨人喜欢。因为，当你把目的设置为"讨人喜欢"的时候，你的重心就已经放在了别人身上。没有自我的人，是不会跟别人建立起稳定可靠的关系的，这其中也包括你的上司。

当然，不刻意讨人喜欢，并不代表我们就要傲慢自大，不停地表达自我。相反，如果你发现有人在不停地表达自我，这恰好说明他的自我非常孱弱，需要被人看到。沟通技巧是"术"，做人方式是"道"。有边界，有自我，有分寸，有魅力，是我们在沟通这件事上给自己设置的终极目标。

用幽默的方式，解决复杂的沟通难题

萧伯纳曾经说过一句话："如果你想告诉人们真相，要用幽默的方式，否则他们可能杀了你。"（If you're going to tell people the truth, make them laugh, otherwise they'll kill you.）这句话说明什么？说明即使到了要杀了你的地步，用幽默也可以化解，更何况其他的沟通难题。

我们日常所见到的，比如高级的沟通、演讲，其中大多有幽默元素。在很多人看来，幽默的人会说话、情商高。朋友聚会聊天，有个幽默的人就不会冷场；和领导同事相处，幽默的人说话让人更爱听，总能轻松解决问题；在亲密关系里，讲话幽默的人更有情趣，能让关系变乏味的过程来得慢一点。

事实也确实是这样的。幽默本身具有一种巨大的吸引力和人格魅力，以至我们会觉得，在人际沟通中，有趣的人甚至比有钱、有颜的人更让人着迷。当然，对于我来说，所有的沟通方式里，以及在我表达中最重要的元素，也是幽默。

学会幽默，你会发现很多平时生活中让人尴尬的场景，不会再让你那么害怕了。

比如，成为脱口秀演员之后，我在很多场合都会遇到一些陌生的朋友，他们会跟我说："来，给我们来一段脱口秀！"其实，在饭桌上"来一段脱口秀"是一件极其尴尬的事。首先，在你讲话之前，他们就给你铺垫好了：这个人该讲笑话了，我们来看看他讲得好不好笑。在这样的期待下，笑点是很难奏效的。

其次，吃饭本来是一个日常交流的轻松场合，饭桌上的搞笑应该是贴合这个场景的、跟身边人有关的自然而然的笑料。但是当他们发出了这样的邀请后，你要从头开始铺垫，正儿八经地讲一个舞台表演的段子，气氛会突然变得奇怪。大家在不明所以之余还会觉得："啊？这就是专业脱口秀演员的水平吗？"

以我不合群的性格，小时候的我多半会说："我不讲，谁爱讲谁讲。"但随着年龄的增长，我会希望不要给身边的人增加负担。于是，现在偶尔听到别人这样的要求，我会想：能不能用相对灵巧的方式来化解呢？

——来，给我们来一段脱口秀！
——求您了，别让我加班了，行吗？

其实，在日常生活中，只需一点有趣的反应就能化解一个令人难堪的问题，守住自己的边界。同时，有来有往，就能建立起跟别人的良好关系。

幽默，在关键时刻还能帮人解围。我们在生活中总会遇到一些偏见、打压和针锋相对，如果懂一些幽默回应的技巧，你不仅不会无言以对，还能化险为夷、机智抽身。

华为的总裁任正非先生就是个中高手。有一回，时任中国银行董事长的肖钢一行人到华为公司参观访问。肖钢问："任总，你们华为最近最重要的工作是什么啊？"任正非说："我们这几年一直在全公司推行 IPD[①]。"

肖钢又问，"什么是 IPD？"这时候坐在任正非旁边的轮值首席执行官说："IPD 对我们老板来说，就是三个英文字母。"

可想而知，在重要客人面前，这种不合时宜的刻意调侃让现场十分尴尬。但任老先生既没有生气否认，也没有默不作声。

任正非哈哈大笑，对旁边的轮值首席执行官自嘲道："是啊，我哪儿懂啊，我要是懂，要你干吗！你赶紧给肖总介绍一下什么叫 IPD。"尴尬和危机一下就化解了，这个关于 IPD 的难题被任

---

① IPD，integrated product development 的首字母缩写，中文意思是集成产品开发体系。最早实践这一开发体系的是 IBM 公司，后来华为大力引进。

正非推了出去，交还给了说他不懂的轮值首席执行官。

我们说过，沟通是个技术活。如果你在与人沟通时觉得难，那是因为你正面对一个复杂问题。当时的场景、当时的人、当时你的反应可能产生的影响，都让你觉得进退两难，不知说什么才好。而这恰恰是幽默沟通出现的最好时机。我们为什么觉得幽默的人有智慧？就是因为幽默能够打破这种进退两难的局面，从出乎意料的视角，帮你跳出来做出第三种选择。就像案例中的任正非，既没有选择"进"（批评下属），也没有选择"退"（不做回应），而是选择哈哈一笑就把问题给化解了。

美国著名的脱口秀演员乔治·卡林在被问到"幽默是什么"的时候说，世界大多数时候是一条平淡无奇的直线，你得把头歪过来45度，换个角度看世界，幽默就产生了。

幽默沟通就是这样，把头歪过来45度，换个角度看看，复杂的沟通难题就可能被化解了。

我们普通人在交流中，容易陷入非黑即白的二选一，这是因为我们没有经过训练，不知道有这样一种歪过头来45度的思维方式和沟通模式，而这种方式能让你有更好的选择。这些幽默背后的思维方式、沟通中的幽默技巧，我在本书后续章节中都会有详细的讲解。俗话说，难者不会，会者不难。当你掌握了这些思维方式和技巧，就会发现表达自己、幽默沟通是一件很简单的事。

比如，我们眼中的保险销售一般是机械、乏味、滔滔不绝的，令人厌倦。我就遇到过一位保险销售，他上来就自嘲道："我其实挺怕这份工作的，特容易挨打，所以出门之前，我妈刚给我买好了一份保险。"

你是不是突然就想听他说话了？

可以说，幽默是面对复杂的沟通难题时最巧妙的应对方式，幽默，也是一个人智慧、情商、眼界、心胸的综合体现。

在你和别人实力相当的情况下，得幽默者得天下。

02. 沟通有技巧，让信息有效地传递

如果你在与人沟通时觉得难，那是因为你正面对一个复杂问题。当时的场景、当时的人、当时你的反应可能产生的影响，都让你觉得进退两难，不知说什么才好，而这恰恰是幽默沟通出现的最好时机。

展现风趣幽默的三个条件

我们来想象一个画面:

你去参加社交聚会,周围的人你一个也不认识,而其他人彼此也并不熟络。大家拿着酒杯,脸上堆满了"社会笑",想说点什么又不知从何说起。这种尴尬的场面,是不是感觉似曾相识。

这时候,你看到一个大佬,戴墨镜,穿西装,走路的样子仿佛小马哥再世。突然,一阵风儿吹过他的头发,吹落了他的假发套,露出油光锃亮的头皮……此时此刻,是不是有点忍不住想笑?

别人出丑,我们应该为他感到难过才对,但我们为什么会下意识地觉得好笑呢?(虽然之后又不免产生一丝丝忧伤。)这背后,其实是幽默的心理机制在起作用。

想要成为一个幽默风趣、能在社交场合活跃气氛、打开话题的人,你首先要知道幽默是怎么产生的。对此,哲学家、心理学家、喜剧家都有过不同的解释。但总的来说,幽默的原理主要有三个:意外感、优越感和压力释放。[①]

意外感说的是,人会被意料之外的事情逗笑;优越感是说你会因别人的尴尬、笨拙而产生优越感,从而发笑;而压力释放讲的是你会因紧张的情绪和压力突然被释放,松了一口气而发笑。

看到这里,你应该明白了开头的例子里,你在聚会中容易沉默、不知道说什么,是因为陌生的环境、不认识的朋友等客观因素让你陷入一种紧张的情绪中。在这种情绪和压力之下,自然就没办法轻松谈笑。

如果这时候,有位"小马哥"被风吹落了假发,这种有压力的气氛一下就被打破了,你放松下来,自然就笑了。这是幽默原理中说的"压力释放"。

同时,被风吹落了假发这件事多么令人意外啊,简直不可能发生,这又满足了"意外感"这个条件;你觉得他的模样好狼狈,感到"还好不是我""我应该不会这样吧",这就是幽默原理中的"优越感"。

因此,在现实生活中与人沟通时,你想要展示自己的风趣幽默,那就要满足两个条件:首先,我们得让彼此交流的气氛放松下来;其

---

① 幽默的这三个原理又被称为幽默的失谐理论(incongruity-resolution theory)、优势理论(superiority theory)和释放理论(relief theory)。

次，你说的话如果能满足意外感、优越感和压力释放中的任何一个，就会产生幽默的效果。当然，如果发生了一件事，就像开头例子中的那样，幽默的三个原理都出现了，那就更容易让人发笑了。

下面我们就来具体说说，这三个原理在你日常的沟通交流中可以怎么使用。

制造意外感，让人快速记住你

德国著名的哲学家康德这样解释幽默："从期待到期待落空的突然转换。"这就是说，幽默的产生是因为你原有的预期被打破了。如果有人在沟通过程中产生了和你平时想的不一样的转折、逻辑矛盾，就会让你感到出乎意料的好笑。

电影《当幸福来敲门》里有这样一个片段：主角克里斯穿着破衣烂衫去参加面试。在面试官质疑的眼神中，克里斯没有找任何借口掩饰，相反他坦诚地说："穿成这样是因为没付清停车罚单，来之前被拘留了，而拘留前在刷墙……"

面试官们都被逗笑了。几轮问答考核后，主考官问了他最后一个问题："如果有个人连衬衫都没穿就跑来参加面试，你会怎么想？如果我最后还录用了这个人，你又会怎么想？"

克里斯说："那他穿的裤子一定非常考究。"

首先，克里斯第一次回答面试官的方式，就是一个意外。通常应聘者面对面试官的质疑，大多会找一些借口，比如"我刚刚来的路上不小心摔倒了"之类。但克里斯坦诚地说明了原因，对于面试官来说，这就是一种意外，所以他们笑了。

其次，他的回答"他穿的裤子一定非常考究"也是在意料之外、打破预期的。面试官问："如果有个人连衬衫都没穿就跑来参加面试，你会怎么想？"他的预期是："这个人对待面试太不认真了，这个面试不会通过。"但克里斯没有直接按常理回应衬衫问题，而是轻描淡写地说起了"裤子"，这就带来了意外感，从而产生了幽默感。

一个难回答的问题就这样被幽默化解了。果然，答案一出，面试官们大笑，克里斯顺利赢得了工作机会。一个能在面试中有如此幽默表现的人，一定是个聪明、反应快的人。

我们总觉得幽默的人有智慧，其实是因为幽默的人更善于从事情的另一个角度给出出乎意料的答案。这种"意外感"不但能让人发笑，更能给人留下深刻的印象。

这样说可能还有点抽象，我们再看一个很多人都遇到过的场景：公司开会讨论某个事项，领导要求大家都要谈谈自己的看法。这时候大家基本都会交换一下眼神，然后默默低下头。大部分人思来想去，往往只会说"我没意见"，或是抛出一个很寻常的观点，那么以后在类似场合下你被问到的次数可能就会越来越少。

不被领导问到的另一个侧面反映的往往就是存在感低，这在职场里可是大忌。领导都想不起来你了，那以后有提拔机会的时候你被想起的可能性也会很小。

因此，想要在人际交往中获得更多的机会并且脱颖而出，你说的话、提出的观点能不能被记住，都是非常重要的。美国作家卡门·西蒙的代表作《被记住，你才能赢》中提到了一个重要理论：你跟别人说的话，90%都会被忘掉。

回忆一下小时候上课的画面，老师正儿八经地在讲课的时候，很多同学往往都是眼神呆滞，手托着下巴，不明所以。老师一旦开始讲些有意思的事，同学们就会立刻精神起来，感觉时间也过得特别快。我小时候，最不喜欢听老师说的话就是："下面，我们言归正传。"直到现在，我都记得老师上课时讲的一些笑话，但课本里讲了什么早就忘光了。

幽默这件事情真的会让人印象深刻。对于我们来说，如果能用好幽默中的"意外感"，就能让你的观点自成一格，在工作和生活中脱颖而出。

"双线结构"：拥有出乎意料的视角

在现实生活中，我们具体该怎么做才能制造幽默呢？到哪里去找那么多不同寻常的观点，是不是越新奇的想法就越好呢？专业脱口秀演员在构思如何给人带来意外感时，常用一个幽默工具——双线结构，它能帮你在常见的事物中找到让人出乎意料的视角。

为了让你对"双线结构"有一个感性的认识，我先分享一个我曾经说过的段子：

很多人会问一个问题，就是男女之间到底有没有纯粹的友谊？

我觉得是有的，我跟我老公就是。

但是反过来想啊，如果夫妻两个人，能用朋友的方式来相处，那我觉得也很好。因为很多夫妻间的矛盾呢，就会迎刃而解。

……

你把老公当哥们儿，再也不用担心时间长了之后两个人还要分房睡，特别尴尬对不对？直接把双人床卖了，换成上下铺，他就是睡在你上铺的兄弟。

这样的话也不用担心两个人没话说。晚上11点准时熄灯，躺在下铺就跟他说："哎呀，你长大想干什么呀？"保证一聊就是一个通宵。

这个段子是我在第一季《脱口秀大会》中说的，很多人就是通过这个段子开始认识我的。因为我提出了一个在很多人看来意想不到的观点:"把夫妻过成兄弟"。这里面就用到了"双线结构",我们来一起拆解一下。

双线结构说的是一个笑话要有两条故事线,第一条故事线(故事1)是人们在常规思维下最容易想到的。如果你只是沿着故事1说下去,它就是一个很常规的故事,完全谈不上搞笑,因为让人发笑要有"意外感"。

这时候,你要在故事1的基础上制造一个意外,即加上第二条故事线(故事2)。

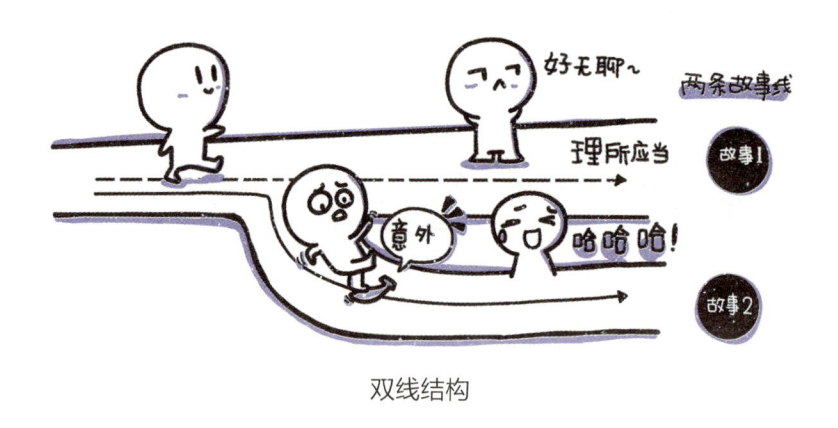

双线结构

"把夫妻过成兄弟"这个段子里就藏着这样两条故事线。第一条故事线是"夫妻恩爱,要甜甜蜜蜜地过"。这是大多数人听到夫妻关系时通常的思路,也可以说,是听到"夫妻关系"之后最容易想到的一个结果，这个结果也被称为"隐含假设"①。

隐含假设就是你在听到一件事情的时候，第一感觉想到的几个假设。比如，听到"夫妻关系"，你首先想到的是要恩爱；听到"车轮"，你首先想到车轮是圆的。

我们在沟通的过程中，由于受视角的限制，所获得的信息体验是不完全的。而我们天生又有一个深层次的需求，就是把事情弄明白。如果有不明白，就会基于过去的经验，自动在大脑中增加一些假设来填补信息的空白。

我们常说"眼见为实"，但实际上，我们每天都会接触到大量的信息，不可能每个信息都去一一验证，这其中一定需要很多的"常理"，也就是隐含假设的帮助。甚至可以说，如果没有隐含假设，我们就根本无法沟通。

比如，很简单的一句话"你该吃饭了"。我们可以分析一下其中的隐含假设：听到"你该吃饭了"，那可能说明到时间了或者说明你饿了。再继续追溯，说这句话的应该是一个人，而不是一个动物，而被建议吃饭的，通常也是一个人，并且他是用嘴而不是用其他器官吃饭

---

① 隐含假设，是人们在获取信息后，没有说出来但是心里会基于以往经验做出的假设。比如楼梯能承载你的重量，不用每走一步都小心测试。在幽默中，隐含假设能赋予故事1特定的意义，这样故事2只需打破这个特定意义，就能让人感到出乎意料的好笑。比如小丑表演时骑着方形轮子的自行车，大家就笑了。这是因为大家心里都有个隐含假设——轮子是圆的，而方形的轮子一出来就打破了这个隐含假设，让人感到意外。

的。看，一句简单的话，是不是包含了很多的隐含假设和理所当然？

笑话就是利用了我们在听到信息后，会产生隐含假设的这一特点。如果能给听众假设以外的东西，听众感到意外，就笑了。

所以现在你知道了，如果我按照多数人心里的隐含假设"夫妻恩爱，要甜甜蜜蜜地过"讲下去，就会相当无聊："这些还用你说吗？"而我打破了这个隐含假设，引入了第二条故事线，"夫妻也可以过得像兄弟"，效果就完全不一样了。

第二条故事线因为突破了一般人的心理预期，打破了常规思路下容易产生的隐含假设，让人眼前一亮。于是，大家也就记住了我，"把夫妻过成兄弟"的思文。

我们来小结一下，"双线结构"说的是，让人发笑或者印象深刻的段子需要两条故事线：第一条故事线让人们产生预期，或者说引导听众在心里产生隐含假设；第二条故事线给人们制造意外，打破听众的预期，给人留下深刻的印象。简单来说就是，故事1给你熟悉感，故事2打破熟悉，给你意外感。

这其实和心理学上人们是否会喜欢上一件事物的心理状态是一致的。你可能会以为人的喜好是主观的，没有统一标准，正所谓"萝卜青菜，各有所爱"。但事实上，心理学家早已有了一个非常确定的答案——人们更容易喜欢自己熟悉的东西。

这在心理学上叫"多看效应"。它的提出者是美国20世纪最著名的心理学家之一罗伯特·扎荣茨[①]。他曾经在一系列研究中给大量被试者看随机图像，包括汉字、几何图形、人脸表情等。当被问及最喜欢哪一个图像时，被试者会选择见过次数多的那个。这也就是为什么我们都很烦脑白金的广告，但是对爷爷奶奶，却总是不由自主地想起"送礼只送脑白金"。

但是，熟悉不等于重复，重复会导致审美疲劳，脑白金自然是无所谓被讨厌的，只要好卖就行。但我们人类还是需要让人喜爱的，所以，在熟悉中最好制造点意外。

你整天面对一个熟悉的人，哪天他突然给你来了点惊喜，你会很喜欢。比如，过节了老公竟然给你准备了礼物，你会更爱他，这就是在熟悉中加点意外的效果。

同理，如果在一个意外的场合看到自己熟悉的人，你也会很喜欢。比如，出国的时候看到中国人就觉得特别亲切，这就是在意外中加了点熟悉。

与人沟通也是这样的，重复和顺着大多数人的思路不免让人觉得庸常；但是脱离现实地追求新奇，由于没有共鸣，也很难获得大

[①] 罗伯特·扎荣茨（Robert Zajonc，1923—2008），1978年获美国心理学会颁发的杰出科学贡献奖，位列世界一百位最著名心理学家第35位。因研究出生次序、家庭规模等因素对儿童智力发展的影响及社会促进等问题而被大家知晓。除了"多看效应"之外，他还研究过"夫妻相"的问题，发现经过多年无意识地对另一半的表情模仿，夫妻之间会看上去相似。

家的认可。

所以，你在挖掘自己独特、有趣的想法时，不妨试试"熟悉+意外"的"双线结构"。这样你说出来的话，既能打破大家的预期，吸引注意力，又能让人觉得有共鸣，容易被记住。

双线结构运用练习

双线结构的使用一共分三步：

- 先写出故事1，也就是大家通常会有的观点。
- 找出故事1中人们心中普遍会有的隐含假设，列出这些隐含假设。
- 根据列出的隐含假设，找到和它们相反的可能性，写出故事2，也就是属于你的、打破别人预期的观点。

我们用一个简单的例子，来看看在实际操作中如何运用双线结构。

比如一句很简单的话，"我已经连续上班7天了"。这就可以是故事1，你已经完成了第一步。

第二步，针对故事1，找出人们心中普遍会有的三个隐含假设：一是"我"是员工，二是我是去公司上班，三是我不想上班。

下面做第三步，从这三个隐含假设的相反方向想一想，看看会发生什么。这时候，属于你的故事 2 就出来了。

- "我"不是员工，而是一个"黑心"老板，我就可以说："我已经连续上班 7 天了，连续 7 天监督别人上班真的好开心。"
- 我不是朝九晚五的上班族，而是一个全职妈妈，我就可以说："我已经连续上班 7 天了，什么时候可以去办公室上一些有工资的班？"
- 大家都觉得我不喜欢上班，但其实我很喜欢上班，我就可以说："我已经连续上班 7 天了，吃不到老婆做的难吃的饭，简直太幸福了！"

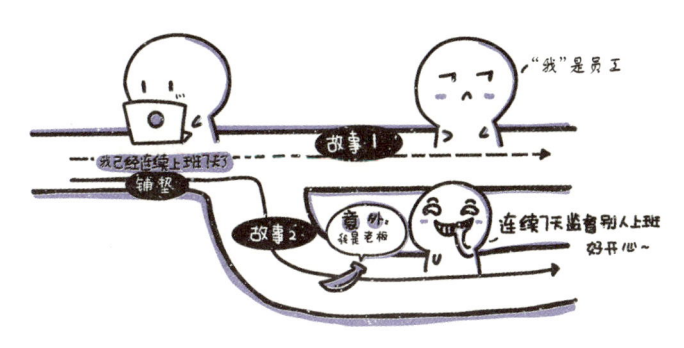

"我已经连续上班 7 天了"的双线结构分析

你看，是不是一下子就变得有意思多了。如果你是一位全职妈妈，天天跟丈夫抱怨在家照顾孩子非常辛苦，他却不一定听得进去。但是如果你跟他说:"我已经连续上班 7 天了,什么时候可以像你一样,去办公室上一天有工资的班?"他会一下子意识到,你和他一样在上班,你却一直都没有假期,在引起对方注意的同时,也让他感同身受。

如果你是一位员工,想向领导表达你工作很勤奋,一直在加班,但是又不想变得像邀功或者像抱怨,你可以说:"我已经连续上班 7 天了,吃不到老婆做的难吃的饭,简直太幸福了!"领导在哈哈一笑的同时,一定会对你留下深刻的印象:这个同事不错,爱公司,而且这个马屁拍得,嗯,有点水平。

甚至你下次开会发言的时候,也可以有意识地试试双线结构。

比如,你是市场营销部门的负责人,你想表达"用户很多时候不单单是为产品买单,而更愿意为品牌买单",你就可以说:"很多人在苹果手机刚出来的时候,宁愿排队 6 个小时去买,但其实只要一个星期之后,商场的货架上就都有了。他们是因为刚出来的苹果手机质量更好吗?他们就是喜欢排队。"

这里的故事 1 是,苹果手机刚出来,很多人排队买。大家心里的预设是苹果手机需要排队买一定是有原因的,比如技术好、质量好、买不到等。但是你话锋一转加入了故事 2,"没有原因,那些提前排队买的人就是想排队",一下子打破了在场人的心理预期,大家可能就笑了。你可能注意到了，这并不是一个特别搞笑的笑话，但是在职场严肃的环境里，这种级别的小幽默已经足以给人留下深刻印象。

这时候，你再表达"用户更愿意为品牌买单""好的品牌是要让用户宁愿排队，也要先得到这个牌子"，你的观点就更容易让人听进去，大家也会觉得有深度，太棒了。

我们平常在说话的过程中，往往会有很多的隐含假设，只是我们自己不知道，没注意过。所以，建议你以后可以有意识地挖掘一下你说话中的隐含假设，从它们的反面想一想，相信你会有不一样的收获。

用自嘲、吐槽拉近距离

幽默源于优越感。这个理论的提出，可以追溯到我们熟悉的"精神恋爱"祖师爷柏拉图和他的弟子亚里士多德。这个理论说的是，每一个幽默的情境都有一个优胜者和一个失败者，笑就是突然意识到自己比别人优越时的表现。

简单来说，就是你看到别人出糗、尴尬的时候，会下意识地比对一下，发现自己"还不错啊"，进而产生优越心理，就会产生笑点。

你看在很多喜剧节目里，演员都会营造各种窘境，看上去很蠢、很滑稽，但他们就是通过这样的自我调侃让观众产生优越感，从而发笑。比如很受欢迎的喜剧演员宋小宝，有一个红极一时的小品片段：

自打我进宫以来啊，就独得皇上恩宠。后宫佳丽三千，皇上就偏偏宠我一人。于是我就劝皇上，一定要雨露均沾。可皇上啊，非是不听呢。

想象一下画面就觉得很好笑。因为大家都知道宋小宝扮演的妃子很丑，这个丑本身就带给了观众优越感。而且他不光丑，还这么自信，"后宫佳丽三千，皇上就偏偏宠我一人"，这也"太傻了"。感到"太傻了"的同时，观众产生了优越感，就觉得太搞笑了。加上宋小宝夸张的表演，更强化了这种反差和幽默的效果。

看到这里，你应该感觉到了，优越感最典型的运用，就是你平常会遇到的自嘲和吐槽。

自嘲是调侃自己，吐槽是调侃别人。通过对自己或对他人的调侃，让听者感到"哇，我还不错"，于是产生一种优越感，觉得轻松好笑，自然就和你拉近了距离。

犯错误效应：不完美才讨人喜欢

为什么善于自嘲或恰当吐槽的人，能在聊天中让人觉得容易亲近、情商高呢？我想先跟你分享一个我好朋友的故事。

> 我有个女性朋友，她非常完美，才华横溢，长得漂亮，有气质，还非常知书达理，做什么都非常得体、妥帖。但是她非常苦恼。
>
> 苦恼什么呢？她跟我说："为什么我明明挺好相处的，可是大家表面上跟我都关系不错，但实际上怎么总是很有距离感的样子？真羡慕那些跟谁都自来熟的人。为什么我好像就从来没有过

特别亲近的朋友呢?"

我说:"因为你表现出来的就是很完美啊,但现实中没有一个真实的人是完美的。"

她听了觉得很奇怪,因为她尽力表现得完美,就是希望大家都能喜欢她,怎么反而成了产生距离感的原因了呢?

其实原因很简单,它在心理学上有一个专门术语,叫作犯错误效应[1]。

如果一个人有才华,却会犯点小错,会更加吸引人。

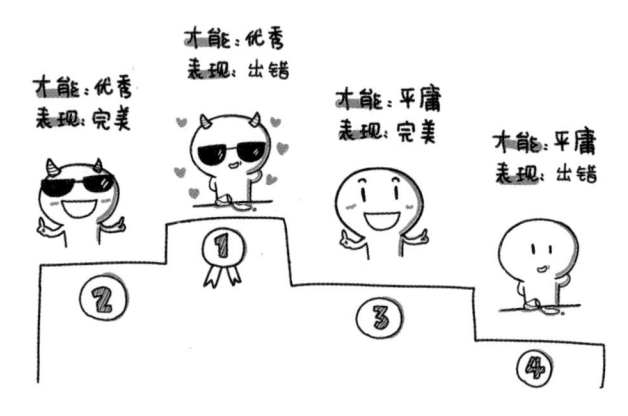

才能:优秀 表现:完美
才能:优秀 表现:出错
才能:平庸 表现:完美
才能:平庸 表现:出错

犯错误效应

---

[1] 犯错误效应(pratfall effect),也叫白璧微瑕效应。pratfall 是英文中的俚语,意为摔了一个屁股蹲儿,说的是,有些小缺点、小错误反而能增添人际交往的吸引力。

生活里受人欢迎的，往往并不是那些极其完美、挑不出半点瑕疵的人；相反，如果一个人有才华，同时也会犯点小错误，会极大增强他的吸引力。

这个理论的提出者是美国当代最杰出的社会心理学家之一埃略特·阿伦森。他曾经做过这样一个实验：

请所有志愿者听同一段录音，录音内容是四段演讲。这四段录音的演讲者中，两位表现得才能出众、不相上下，另两位则略显平庸。才能出众和才能平庸的两组演讲者中，各有一位在演讲中不小心打翻了咖啡。阿伦森要求志愿者按照自己的喜好为四位演讲者排序。

统计结果发现，才能平庸的自然排序也靠后。但是最受人喜爱的并不是那位表现出众又毫无差错的演讲者，而是那位才能出众却打翻了咖啡的演讲者。

对于这一现象，心理学家给出了两种解释。一方面，一个完美的人给人的感觉是不真实的，可能很好，但并不可爱。一个完全不犯错、没有弱点的人会让人感到不安、不真实。所以，哪怕这个人很好，人们往往也会感到他不可接近，从而敬而远之。

另一方面，人本身就会出于自我保护而避开那些更完美的人。因为跟太优秀的人在一起，会显得自己没那么好。别人过于完美，自己就会觉得做什么都是差的。没人会真的喜欢一个让自己自惭形秽的人。所以，生活中你会听说闺蜜嫁人豪门后两人反而渐渐疏远的事，就是这个道理。

适当地暴露缺点、犯点小错，其实是在向别人传递"我愿意把有缺陷的一面展示给你""我很真实""我没有攻击性"这样的信息，别人自然就容易放下戒备，觉得你很友好、很容易亲近。

在与人沟通中，自嘲和吐槽可以说是用来恰当暴露你一些可爱的小缺点、减少攻击性的最简单有效的方式了。

比如在《吐槽大会》《脱口秀大会》等喜剧综艺类节目里，你会发现很多光鲜亮丽、高高在上的明星，因为自嘲缺点，再适当吐槽一下嘉宾，而变得更可爱了。

比如黄圣依调侃自己：这几年在喜剧上进步非常大，在另一档节目里"海娃死了"[①]的表演，绝对比很多人的表演都好笑得多。又比如主持人张绍刚自嘲看到华少，以为这个节目也要换主持人了，后来想想这个节目应该请不起华少。

这些都让观众觉得"原来这位明星还挺真实的""这么敢说，太

---

① 2017年12月一期的《演员的诞生》节目中，黄圣依与柴碧云、于明加合作出演了《我和春天有个约会》一个片段，当扮演姚小蝶这一角色的黄圣依得知自己的孩子海娃死后，从大声质问求证，到难以置信地愣住，到神经质地自言自语和大笑，再到崩溃尖叫倒地，她以一连串毫无新意的套路加上夸张做作的肢体动作完成了这场戏，让观众在尴尬之余还犯晕，浮夸的演技一时间被网友疯狂吐槽。——编者注

了不起了",在哈哈一笑的同时,观众对明星的好感度也大大提升。

下面我就为你介绍一下,在日常交流中,如何恰当、得体地用好自嘲和吐槽。

得体"自嘲"的三条建议

你在自嘲的时候,无意中就让对方产生了优越感,对方会觉得轻松,感到开心,你们的关系自然也就拉近了。

可能有朋友会说,这听起来容易,但实际操作好像还是挺难的。一方面是觉得不好意思,不知道调侃自己什么;另一方面,也会担心自嘲不好,会不会真的显得自己不那么优秀。这里我给你三条建议。

1. 要真的吐槽自己的缺点或窘境

你自嘲的时候一定要说自己真实的缺点。只有说得真诚,这个自嘲才能够成立。千万不要抱着假装谦虚的想法,把自嘲作为一种手段,其实是想让别人夸你。

比如,我们身边常常有这样的女性朋友,身材苗条,打扮精致,却成天说"哎呀,啥时候才能减肥成功啊""我觉得我现在都老了""你看我又胖了"。每次听到这样的话,我都很想说:"是啊是啊,你怎么就这么胖呢?"但你如果这么说,她一定跟你绝交。因为她希望你说的是:"哪有哪有,你明明就很年轻!这么苗条!"

这不叫自嘲,也不叫幽默,这叫"作",这样往往会给身边人很大的压力,同时别人会觉得自己在被胁迫,不得不说一些虚伪的赞美之词。久而久之，就会让人觉得你有距离感了。

你要做的是吐槽自己的真正缺点，并且是别人看得见的缺点。这要求你对自己有相对客观的认识，知道自己的缺点在哪儿。

关于自己的缺点，你可以慢慢列一下。这里我给你说一些常见的、可以用来自嘲的缺点。

我们脱口秀演员经常喜欢在台上调侃一下自己的名字、身高、长相、年龄、收入等，所以矮、胖、丑、穷、年纪大都是比较常见的自嘲点。

比如，我就经常调侃自己矮。因为我不说，别人也会不停地说。小时候大家老在一起嘲笑我矮，有人问我："你最喜欢什么运动啊？"我会说："我最喜欢扣篮！"

我的好朋友梁海源是著名的"穷人"脱口秀演员，他有一个经典的段子就是调侃自己穷。

> 有一天我问我爸："爸爸你这么穷，那我是不是一个'穷二代'？"我爸说："怎么可能，我们家都穷了十八代了。"

同学聚会聊天的时候，调侃自己穷是一个特别受欢迎的话题。因为现在大家的经济压力都很大，听到一个人自嘲穷，会感觉到"原来有人比我还惨"，无形中大家会产生优越感，聊天的气氛也就变轻松了。

如果你有勇气，还可以调侃自己丑。演员黄渤对外貌的自嘲就很有艺术，他说："其实我长着的是一张抗抑郁的脸，我最帅的一般都是背影。"

有朋友会说，调侃自己的缺点难度还是有点大，因为缺点像是对自己的评价，怕自己放不开。没关系，首先，你可以选择一些你能接受的、不严重的小缺点；其次，除了自嘲缺点之外，还可以自嘲一下自己遇到的窘境。

窘境人人都会遇到，而且窘境往往和对你这个人的评价无关。大家听了只会觉得你也太惨了、太好笑了，但人还挺乐观，从而对你产生更多的欣赏。

比如，我的同事庞博是一个很优秀的人，上海交通大学毕业，聪明，长得帅，还是《脱口秀大会》第一季的冠军，看上去好像他很难找到什么缺点来自嘲。正如我们前面所说的，这些特质就是完美得不真实，很容易让人产生距离感。但是他在第二季《脱口秀大会》上就调侃了自己遇到的窘境，用自嘲向大家袒露自己有多惨，一下子就和观众拉近了距离。

两期没上了，观众朋友们，想死你们啦。

前两期我全被淘汰了。你们可能知道，我之前是"脱口秀大王",这个好笑的人设崩没崩,我不知道,但我心态已经彻底崩了。

但是后来思考了一下,我觉得,其实人设崩了之后我还挺轻松的,毕竟一直保持人设是一件特别特别累的事。

你们可能不知道,在过去的两年里,自从我上次拿了冠军之后,我们公司就开始有一个都市传说:"这个世界上就没有庞博接不住的梗。"甚至有时候老板在群里想展现一下幽默又没有成功的时候,还会专门@我:庞博出来接一下。我有时候走到电梯那边接他,发现那里没有人。

当时现场的反应特别好,庞博上来第一句"两期没上了",吐槽自己连续被淘汰的窘境,也告诉你"我现在不是脱口秀大王了",一下子就把自己从高位拉到了和交流对象更近的位置。

然后他接着说,自从得了冠军之后压力非常大,生活中要时刻想着"接梗",还有到电梯"接"错的时候。这又是一个真实的窘境。你不由得想:"还好不是我。"这样,庞博就通过自嘲让大家笑了,也让他变得更可爱了。

你在生活中也可以仿照着试一试,把你遇到的尴尬、惨痛的经历,用调侃、自嘲的语气向朋友说一说。比如,狼狈地赶飞机、赶火车的经历;陪孩子写作业,写到一半"发疯"的经历;和重要客户见面,一紧张摔了一跤的经历;等等。朋友会觉得你很信任他们,你的形象在他们心目中也会变得很真实、很可爱。

2. 你自嘲的缺点和窘境应该是你能接受的

这一点是很多人容易忽略的。自嘲虽然看上去是一种自我贬低和放低身段，但事实上，只有足够自信地接纳了这些缺点、窘境的人，才能自嘲。

比如，李诞总是自嘲眼睛小，那是因为他已经完全接受了这一点。一个人真正在意的东西是没有办法拿出来自嘲的。如果你硬是要调侃自己在意的事，场面会变得非常尴尬，因为你不像是在开玩笑，而是在攻击自己，会让人觉得心疼，同时备感压力。

我有两个朋友，都是胖胖的女生。其中女生A特别在意自己胖这件事，只要周围人一说到关于体重和体型的话题，她马上就会引到自己身上，先调侃自己一下："谁能比我胖？！"

但她其实是出于一种自我保护，提前将话抢过去就是怕别人开她玩笑。但是在这种情况下，大家往往能明显地感觉到她的不快。看似是自嘲，其实她是在表达自己的不悦。这样的自嘲反而让在场的其他人感到尴尬，不敢继续说话。

而另一位女生B，虽然也有些胖，但她不太在意身材这件事。有人调侃她的时候，她总会说："哎呀，工作压力一大就想吃东西，我的体重还真是和咱们部门的业绩成正比啊！"大家一听，哈哈一乐，觉得她很有意思。

这两个女生之间的差别在于，女生 A 并不接纳自己胖这件事，她对"胖"感到自卑却希望用自嘲来化解；而女生 B 可能也不喜欢自己胖，但是她接纳了自己的形象，能看到自己胖但是努力工作，是带着自信在自嘲，给人的感觉就会非常不一样。

这里我给你的建议是，选择你能接受的缺点和窘境自嘲，避开你心里还不能触碰的话题。

3. 当你处于高位的时候，适合用自嘲

自信的人才能自嘲。我这里所说的高位，不一定是指外在条件，还有一种高位是指占据优势的心理地位。

我们在与人沟通的过程中往往会有一个相对的心理位置，当你处于优势心理地位的时候，就适合自嘲一下。

比如，两个人谈恋爱，一定有一方主动，一方被动，主动的那一方适当自嘲，能给两个人的关系增添情趣。再比如，外形上长得好看，有时候会有优势，好看的人如果还能自嘲一下，会让人产生更多的好感。

相反，如果你在聊天时处于低位或劣势的心理地位，就不要自嘲了。因为你在心理上已经没有优势，自嘲只会让你的处境更加尴尬。自嘲主要是用来减少你的攻击性。

在公司，你的领导自嘲一下："看我忙得，做事丢三落四的。"大家会觉得，这领导还挺接地气，能这样说自己，应该好相处。但如果你是一个小职员或者刚来的应届毕业生，你在有领导的场合说："看我忙得，做事丢三落四的。"大家头上只会浮现出一堆黑人问号，觉得这人不仅丢三落四，而且连脑子都有问题。

好的"吐槽"一定要善意

说到沟通技巧，很少有人说吐槽，好像吐槽给人一种不那么正面的感觉。在你和其他人的日常交流中，如果说自嘲可以帮助你适时暴露缺点，和对方拉近距离，那么，你是否有这样的体会：你和一个人关系更进一步，甚至达成某种默契，往往是在你们可以一起吐槽别人或者相互吐槽的时候。你们的关系越亲密，你们互相调侃、吐槽的话题点就越多。

因此，吐槽并不一定是什么负面行为，它甚至是你和一个人能够亲密沟通的标志。吐槽指的是用调侃、戏谑的方式去说一个人或一件事。如果自嘲是开自己的玩笑，那么吐槽就是开别人的玩笑。

但要注意一点，这个玩笑必须是善意的，如果夹杂着攻击、指责和尖酸刻薄，那可不是吐槽。

只是不巧，很多人都误把攻击、指责、尖酸刻薄当作吐槽和幽默，这也是为什么你听到一些人说了不合时宜的话，又补了一句"我不过是开玩笑"的时候，会感到不舒服。所以，我对于吐槽的建议只有一条，就是吐槽必须善意。

当你吐槽一个人的时候，只有对他的态度是友好的，说出来的话才会好笑；如果你对他是厌烦的，你的吐槽就会让听者感到很不适。甚至可能同样的话，因为背后的情绪不同，在一些人（善意的人）那里觉得是搞笑，在另一些人（非善意的人）那里马上就可能变得很不友好，而别人也会感受到这种不友好。

我前面介绍庞博的那个例子，是他在《脱口秀大会》上调侃自己得了冠军之后的遭遇。在同一期节目里，针对庞博的这段经历，我的同事 Rock 对庞博有一段吐槽。这个吐槽特别狠，但是现场效果非常好，原因就在于 Rock 在说的时候是出于善意的，甚至有不少"似贬实褒"的意思。

> 我对庞博的感情一直很复杂。从第一季《脱口秀大会》他成为"大王"之后，我就看他很不爽，因为我觉得那个"大王"应该是我……（Rock 讲到这里的时候，现场就已经"炸"了，因为他把自己的"小人嘴脸"暴露无遗，这其实也是一种自嘲。）
>
> 我有的时候真的有点恨庞博，他太优秀了，优秀到不真实。无论什么时候，这人总是一副充满正能量、积极乐观的样子。
>
> 我觉得我们工作中最怕碰到的就是这种人，就他哪哪儿都好，唯一的缺点就是让你觉得自己像个"垃圾"。优秀得令人发

指,完成了自己的工作不说,还要跑去完成别人的工作……每一次,每一次当你遇到一点难题,一筹莫展、愁眉苦脸的时候,他就会满面春风地出现,"我来了朋友们,怎么啦,有什么问题我们解决一下"。然后,他就把问题解决了……

直到前两天,他落选了。第二天我们俩一起到公司讨论下一期稿子的时候,他开始跟我抱怨他对节目组选拔标准的不满,他的愤怒,他的各种负能量。他开始讲他的压力,他做"大王"的压力,他开始担心自己还能不能继续说脱口秀了。

那一天庞博在我的眼里人设崩塌了,但也是那一天他开始在我眼里变得更真实,我也比以往任何时候都更喜欢这个人。

Rock 的善意其实贯穿始终。除了看节目,你能明显感受到 Rock 在讲这个段子的时候,语气上并不是真的不喜欢庞博;即使现在看文字,你也能发现,里面有好些看似嫌弃,其实是在夸庞博积极、优秀。

Rock 甚至还能理解庞博保持优秀人设的压力,让听众感同身受。在这样的情况下,听者才不会像在听一个人的抱怨那样感到压力和尴尬,他们才会在现场放心地哈哈大笑,也才能体会到段子里的"烟火"气。这样的吐槽让我们感觉到工作中好像是有些优秀到"令人发指"的人,也会产生在优秀面前压力巨大、就想做个"不优秀"的人的想法。这让所有的吐槽都显得真实和可爱。

相反，如果是一个不友好的人，跟你在私下吐槽公司的某位优秀员工，"我有的时候真的很烦他，看上去哪哪儿都好，但其实特别假"。你想象一下，要是有人这样和你吐槽另一个人，是不是别说敞开心扉了，你都不敢跟他做朋友。是善意的玩笑，还是恶意的贬损，其实我们一听就知道。

那么，具体到实际交流中，怎样才是善意的吐槽呢？我有一些建议可以供你参考。

第一，你可以吐槽一个人身上大家都知道的弱点，或者吐槽大家都知道的一件事的槽点，但是不要吐槽对方真的会很介意的地方。

比如，大家都知道领导的一句口头禅，你私下模仿一下，无伤大雅。但是，如果一个人非常介意别人说自己胖，你就不要故意去吐槽他的身材，因为这不是吐槽，而是恶意伤害。

第二，你在当面吐槽一个人的时候，记得加上一个他的优点。先夸他，再吐槽，往往能释放你的善意。

举个例子，李诞在《吐槽大会》中曾经当面吐槽何洁，但是何洁听了哈哈一笑，现场也很欢乐。李诞是这么说的：

> 我挺喜欢何洁，超级女声，后来发展得也确实很好，对吧。名气嘛，仅次于李宇春啊、张靓颖啊、周笔畅啊、叶一茜啊、尚雯婕啊，不数了不数了，太多了，不数了。但是何洁确实有不

少"粉丝",我感觉现场也来了一些对吧?(观众:对!)不用装啊,不是粉丝的不用装。

你看,李诞先说优点,"我很喜欢何洁,超级女声,后来发展得也确实很好",再调侃"名气嘛,仅次于李宇春啊、张靓颖啊、周笔畅啊、叶一茜啊、尚雯婕啊,不数了不数了,太多了",这样的吐槽其实展现了对方的优点,也不会让对方感觉被冒犯。

敢于把压力说出来，机智化解尴尬

我们每个人在生活中都会遇到一些尴尬：

- 在电梯里遇到领导，而且整个电梯里只有你们俩，电梯运行时间又极其漫长。
- 路上看到朋友，热情洋溢地上前打招呼，可是对方一回头，你发现认错了人。
- 公司年会，你坐的那一桌大家相互都不认识，只能面面相觑，反复地说："吃好喝好，啊，喝好吃好。"

遇到这些情景，是不是感觉空气都要凝结了？我们在"与人沟通，让人发笑的三个秘诀"中，提到过幽默的三个原理之一——压力释放。压力释放说的是人在严肃、有压力的氛围中会处于紧绷的状态，这时候如果你能够说出当前的压力，让现场的情绪得到释放，大家自然就笑了。

其实很多时候，尴尬就是一种我们处于压力环境下的感受，所以如果你能说出现场的尴尬就能帮大家松一口气。大家一笑，尴尬自然也就化解了。

说出尴尬

说出"房间里的大象"

从压力释放的原理出发，化解尴尬的核心就是说出尴尬。

关于说出尴尬这件事，在英文里还有个成语来形容，叫"address the elephant in the room"。意思是说，如果房间里有一头大象，你得把它说出来。

大象特别大，屋子里的人肯定都看到了，但是如果大家都不愿意正视、避而不谈，整个屋子都会陷入一种奇怪的压力感中。

很多时候，尴尬就是屋子里的那头大象，大家都能感受到尴尬，但没有人点破,"大象"就一直在那里。大家更愿意用一些看似有效的花招化解尴尬,例如讲个笑话啊,逗个趣啊,说不着边儿的话啊,但整个场面反而会更加尴尬。其实只要你说出屋子里有头大象,说出尴尬,场面反倒轻松了,大家也就不那么尴尬了。

我们脱口秀的线下演出叫"开放麦",一般是在酒吧、俱乐部这样的场地。有一次,我们演出的酒吧楼上是个迪厅,于是一晚上就听见楼上咚次咚次的声音。因为有声音的干扰,现场的效果不是很理想,观众的注意力经常被分散。

冷场对于脱口秀演出来说是非常尴尬的,这时候,主持人上台就说了这件事。他调侃了一下观众和现场的演出,说:"是不是听了一晚上楼上'咚次咚次'的声音很羡慕啊?没办法,你掏120块钱,只能看我们这个破演出。我也很想上楼去,但我必须要赚这120块钱。"

现场的观众一下就笑了起来。当观众愿意把注意力给到你的时候,演出也就能顺利进行了。

这里"咚次咚次"的声音,就是房间里大家都能看到的"大象"。主持人把它说出来,现场的尴尬也就化解了。

我们演出时还经常出现这样的情况：前面一个演员演得很烂，全程冷场。如果这时候主持人上来说："演得太棒了，感谢×××的精彩表现！"观众会在心里骂："这是什么玩意儿啊，还'精彩表现'？"当大家质疑演出质量，而你又不承认的时候，这是对现场演出最大的伤害。

但脱口秀主持人面对这种情况往往会加上一两句调侃："刚刚这位演员的表演呢，其实是免费送给大家的，收费表演从现在开始！"当主持人说出观众的心声——"刚才的演出真的很烂"时，观众就会释怀，顺便也就原谅了刚才那位演员不够精彩的表现。

化解尴尬的万能句式

化解尴尬的基本原理是指出"房间里的大象"，把尴尬说出来，如果一时反应不过来不会接话怎么办？

这里有一个化解尴尬的万能句式——"好尴尬"。对，就是"好尴尬"三个字。只要你敢说出来，尴尬就被戳破了。比如，你在部门会议上进行分享，幻灯片突然打不开了，下面的同事、领导齐刷刷地看着你。你满头大汗地想把幻灯片从优盘里再复制一遍，这短暂的半分钟，如果你什么都不说，就会变得无比漫长。

如果你敢于在这时一边复制文件，一边说出"好尴尬啊，这个和我想象的精彩的开场不一样啊"，现场的尴尬一下就会被打破，你的压力和大家的压力都被释放了出来，气氛也就缓和了。

类似地，如果你进入一个很多人聚会的场合，大家彼此之间并不熟悉。为了避免沉默的尴尬，大家往往会不停地尬聊，你就可以直接说："好尴尬啊，我们真的是越努力越尴尬。"

相信我，这时候大家哈哈一笑，也就放松了，不用再刻意找话题聊天。如果接下来还是没有人说话，现场气氛也不会像一开始的沉默那样让人难受。因为大家想要打破尴尬的压力被释放了，现场的人都会觉得松了一口气，这恰恰是后续大家可以自然展开话题、轻松聊天的开始。

不在乎就不尴尬

其实应对尴尬，没有我们想的那么难。

首先，尴尬其实是双向的，只要你尝试帮别人化解尴尬，结果往往就不会那么糟。

我们通常只会感受到自己特别尴尬，但其实在你尴尬的时候，别人可能也有同样的感受。所以，如果你愿意去做第一个打破尴尬的人，别人会对你心怀感谢。

这时候你说出的话是不是完美、是不是幽默，就不那么重要了。

重要的是，你愿意尝试去帮别人化解尴尬，这个行为本身就很为你加分。

当你早上上班在电梯里遇到领导，又不知道跟他说什么好的时候，其实他也面临着同样的困扰。虽然你们身份不同，但你们此时同处在电梯里啊。

这时，你甚至可以不用去想任何的沟通技巧，可以跟他随便聊点天气或者他今天穿的西装。帮助领导尽快度过电梯里的时间，你就会给他留下善解人意的好印象。

其次，尴尬其实来自过度的自我关注。如果你不在乎，有时候也就不那么尴尬。

假设你在大庭广众之下摔倒了，如果你觉得大家都在看着你，是不是就感觉无地自容了；但如果你发现周围都是陌生人，其实大家都在做自己的事，并没有人在意你，是不是你就可以迅速爬起来，若无其事地往前走了。

在舞台上表演的时候，演员也会经常面临这样的状况。一个段子，你突然讲冷了，就会瞬间感到台上台下的气氛凝固了。这个时候，你有两个选择：一是匆匆忙忙完成剩下的表演，赶紧下台；二是重新调整状态，仿佛刚才的事情没有发生一样，继续好好表演。

试想这个时候你是观众,演员在台上冷场尴尬,你肯定会为他捏一把汗,因为你能完全感受到演员此刻在聚光灯下的紧张与焦虑。如果演员就这么受挫下台,你不仅损失了半场演出,甚至还会替演员难受。

但如果你发现,演员根本没有被刚才的冷场影响,还是状态满分地继续表演,你就会瞬间替他松口气,也有心情欣赏接下来的表演了。刚才的尴尬场面,很快就会忘记。

所以在很多时候,尴尬的感觉是你传递给别人的,你的心态不一样,感受就不一样。过度在意自己在别人面前的表现,会让你更容易受困于尴尬这件事。不用太在意,尴尬也就不尴尬了。

关于这一点,我想跟你分享一个广为人知的名人逸事:

> 相传德国大诗人海涅(也有说是德国大诗人歌德,反正是德国人就对了),一次在散步的时候,和他的敌人在独木桥上相遇了。那个一辈子跟他作对的人对他说:"对不起,我从来不给白痴让路。"
>
> 大诗人微微一笑,向旁边侧了侧身,给对方让出了路,说:"对不起,我跟您刚好相反。"

尴尬有时候就来自我们的僵持和在意，而破解之法就是大诗人不在意地往旁边侧一侧身。别把眼前的尴尬或针锋相对的场景太当真，别把对方太当真，也别把自己太当真。

无视别人的敌意，你反而能获得生活的主动权。

会捧场，会接话，内向的人也能控全场

很多人会觉得，内向的人在聚会聊天的场合很容易吃亏，那些在谈话中总能占据主导的人会更受欢迎。如果你有类似的想法，看看下面这两个场景是不是很熟悉。

场景一：一群人聊得正起劲，其中几个平时比较内向的人没怎么说过话。这时候有个不爱说话的人冷不丁说了一句什么，大家都开始爆笑，非常开心。

场景二：还是一群人聊得正起劲，有一个人特别能聊，而且越说越多，渐渐地别人都插不进嘴。这时候，聊天的气氛越来越淡了，虽然这位朋友极力表现，但是大家只是在礼貌性地维持谈话而已。

这两个场景并不少见。在人与人沟通中，性格内向还是外向并没有绝对的优与劣。内向的人可以利用自己给人留下的不太爱说话的印

象，给人超乎意料的笑点；外向的人，如果不注意谈话对象的感受，越说得多、越自我表现，越会让人远离你。

那么，性格内向的人在沟通中想要受欢迎具体有没有什么技巧呢？如果你是一个内向的人，面对别人的侃侃而谈，你可以如何插话更好地融入大家并轻松谈笑呢？如果你是一个性格外向的人，又能怎样在闲谈中表现得体，给人留下情商高的好印象呢？

我们用相声里的"捧哏"来帮助理解。"捧哏"指的是在对口相声里，配合"逗哏"来完成"包袱"或者指出笑点的人。他的词没有"逗哏"那么多，更像是一个配角，但是一段相声好不好笑，观众是不是听得明白，"捧哏"非常重要。

他就像是观众的代言人，通过他来对"逗哏"说的话进行点评，帮助观众点出甚至放大"逗哏"话里好笑的地方。比如，在郭德纲和于谦的相声里，那些于谦说的比郭德纲搞笑的地方就是"捧哏"在起作用。

迁移到日常交流中，我要说的"捧"就是指在交谈中，你要展现出你的善意，同时适当接话，有意识地推动对话的进行，甚至在别人把话抛给你的时候，你也能冷不丁地接个"梗"。这样即使你比较害羞，不喜欢在社交场合、饭局上活跃气氛，主动展现自己，也能在整个过程中让人感到和你交流很愉悦。

因为一个会捧场、会接话的人传递出的信息是这样的："我很友好""我并不是炫耀和咄咄逼人""我乐于做一个配角,听你们分享""我也很有意思"。没有人会不喜欢一个既能照顾到他人的表达又有意思的人。

如果你不属于那种自来熟的人,我不建议你强行幽默。这时,学会"捧"就能帮助你在有社交压力的情况下,也能展现出你的有趣。具体怎么做呢?

你不需要像相声演员那样专业,但是可以借鉴相声"捧哏"里一些简单的幽默技法。你只需要掌握三个步骤就可以了。

步骤一:会听,判断说话的时机

在沟通中,听非常重要,因为听决定了你能否在最恰当的时候做出恰当的反应。

这里的"听",主要是为后面的两步——回应对方、点出矛盾——做准备。因此你在听的时候要特别注意两点。

1. 专注地倾听,不打断对方

你要让对方感受到自己在被倾听、被重视。在别人说话的时候,不要总想表达自己,即便这并不是一件容易的事,因为人的注意力总是更容易集中在自己身上。因此,换个角度,如果你能把注意力放在别人身上,让聊天的对象感受到你在关注他,那么你就已经是一个会捧场和善意的人了。

比如，你的女性朋友跟你抱怨老公工作忙，念叨对方很久没有管过孩子了，周末的交流也很少，甚至各种纪念日都完全忘记了。这时候，你不用急着去帮她解决问题，因为没有一个女人在这个时候想要得到真正的解决方法——跟你老公离婚。对，她就是说说而已，希望得到你的一点同情和共鸣。

这个时候，不要忙着分享你的经验，也不要说"哎呀，我家那位才是呢"，因为你这时的表达其实是一种自我表达。两个人谈话的关注点，被你又拉到了自己这里，对方会觉得自己讲了半天并没有被关注到。

当对方倾诉的时候，你只要保持倾听的状态，并适时进行一些回应和眼神交流就可以了。适时的"嗯""啊""这样啊""我的天哪，他怎么这样"，都会让对方感受到你的善意和关注，效果也会事半功倍。

2. 在保持倾听、不打断对方的基础上，问自己几个问题

- 对方此刻说话的情绪、状态是什么样的，是兴奋、沮丧还是疲惫。
- 对方言语里的字面意思和他真实的想法一致吗？
- 对方的话里有没有存在逻辑漏洞或者不合理等可能产生幽默效果的地方。

你带着这样的问题去听别人说话，有两个目的：一是能帮助你判断当下的情况，适合进行怎样的回应；二是只有带着问题去听，才能为后面的两步做好准备。

比如，我们上面举的那位向你抱怨老公忙的女性朋友的例子，如果你发现她的情绪很沮丧，那么她可能真的是在苦恼跟老公的关系。这时候，她需要的可能是陪伴或者解决问题，而不适合随意开玩笑。

但如果她的状态很轻松，那说明她可能并不为"老公忙碌"这件事情感到苦恼。这时候，你就可以用幽默的方式来跟她交流："真的，我最讨厌这种赚钱多的男人了，花都花不完，太烦了。"只要你的语气是善意的，就不会冒犯对方。

因此，学会听是第一步，也是为了我们后面更好地说做准备的。

步骤二：肯定地回应对方，让聊天更好笑

"捧"的第二步是要学会肯定地回应对方，也就是我们通常所说的"会附和"。这就意味着你在交谈中要用肯定的回应来鼓励对方说下去。我教你两种屡试不爽的方法。

第一种方法是你熟悉的，即通过眼神、微笑和语言上的回应去捧场，告诉对方你很愿意听下去。这种方法主要包括日常交流中对说话人的及时回应，比如我们前面说到倾听闺蜜抱怨的例子；还包括，当你感受到对方是在讲笑话，且试图表现得很搞笑时，哪怕你觉得他的笑话其实不那么幽默，但只要你感受到了他的善意，你也应该回应一些笑声，而不要直接告诉他"这好笑吗""一点也不好笑啊"。

有句话说，爱笑的女孩儿运气不会太差，这不是一句鸡汤话，其

实爱笑的男孩儿也一样啊。如果你能对别人失败的段子予以笑的回应，大家就会记住你的善解人意。

很多时候，在聊天聚会过后，大家并不会记得你具体说了什么，但是会记得和你聊天的感受。你的倾听和捧场，就是在给他人留下好的感受。

第二种方法是适时地"帮腔"，这是我需要重点讲解的。

虽然这种方法还是用肯定的回应来鼓励对方说下去，但这种情形，往往是针对对方话里的逻辑漏洞或者好笑的地方。

你这时候的"帮腔"能起到一种助推作用，让对方在不断说下去的同时放大了笑点，还能让周围的人都能接收到，从而起到幽默的效果。

我的同事昌叔和梓浩在第二季《脱口秀大会》上有一段对话：

> 梓浩：昌叔，你也知道，做脱口秀这么久以来，大家一直给我的人设就是帅，就是个"花瓶"。所以其实有时候真的很烦，我感觉自己好像无论怎么努力，大家就只看到我的外表。
>
> 昌叔：你头发好好看哦。
>
> 梓浩：看，所以说我真的很后悔……
>
> 昌叔：你衣服哪里买的？
>
> 梓浩：所以我真的很后悔……

昌叔：哇，你眼睫毛好翘哦！

梓浩：够了……如果有机会回到过去的话，我真的想跟以前的自己说，不要做喜剧。

这里梓浩说，"做脱口秀这么久以来，大家一直给我的人设就是帅""有时候真的很烦，我感觉自己好像无论怎么努力，大家就只看到我的外表"，这就是让人觉得好笑的自我吹嘘。

而一旁的昌叔发现这一点之后并没有揭穿他，而是不断地夸他，用实际行动帮大家验证他的烦恼，并让他继续说，这样就向观众放大了他自我吹嘘的笑点。这个鼓励梓浩说下去的过程，就是我们说的"附和""帮腔"。

我们在生活中有时候也会遇到这样自我吹嘘的人，这种人真是挺招人烦的。如果你直接点出来，他可能会不开心，场面也可能不那么友好；但是如果你学习一下昌叔，用捧场的方式去夸他，反而会有幽默的效果。

比如，对方说自己美，你可以夸他"你头发好好看""你衣服好好看""你这么美，应该去美国"；对方说自己能一口气跑 50 公里，你可以夸他："哇，好厉害，马拉松才 42 公里。"大家听后哈哈大笑，他本人也不会觉得你得罪了他。

注意，这里的帮腔语气很重要，你一定要用善意的、包容的语气。

如果你不是出于善意，别人听到就会感到很不舒服。比如，梓浩说："唉，别人都说我只是个'花瓶'。"你翻着白眼告诉他："哎呀，就你帅行了吧！"这种语气，大家只会感受到你的尖酸刻薄。

另外，你一定要抓到对方话里好笑的地方，再通过"附和"捧他，去放大其中的笑点。

这也就是为什么我们在第一步"听"的时候，特别强调要注意对方说的话里有什么逻辑漏洞或不合理的地方，因为这往往就是笑点的来源。

学会"附和""帮腔"的小技巧，不但能帮助你放大对方的笑点，活跃气氛，很多时候还能帮你解围。

我给你两组句式，用几个例子来讲解一下。

第一组，"看您说的""可别这么说"。这两句话是用在别人使劲儿"捧"你，让你觉得有点尴尬的时候。

比如，你最近业绩特别好，同事们善意地开玩笑说："小朱啊，最近不错啊，领导们都夸你，是要升职加薪了吧？"你有点尴尬，否认也不是，承认也不是，这时你就可以笑着用有点夸张的语气，捧着别人的话说："唉，看您说的！"或者"唉，可别这么说！"这种简单的回应称不上多么机智，但起码是善意得体的。

第二组，"是这个理儿""谁说不是呢"。这两句话可以用在对方给你灌输道理，你可能不那么认同但又不好驳人家面子的时候。

比如，过年回家时七大姑八大姨拉着你，劝你买房、结婚、生孩子或告诉你该怎么带孩子，你就可以说："对，您说得对！""是这个理儿。""谁说不是呢！"

记住，在用这两组短语的时候，一定要用夸张、诙谐的语气来讲。调侃的语气能够放大对方言语中的讽刺和自我矛盾的一面，既不会因当面反驳伤和气，也能够表达自己的立场。

事实上，那些你觉得很难应对的同事的恭维、过年回家时亲戚的难题，很多时候，只要你顺着他们捧着讲就没事了。相反，你越是提出不同的观点表示反对，对方就越难缠，因为大家并不在一个频道对话，讨论也就很难结束。

当然，这两组句式除了这里提到的场景，在其他很多场景也可以运用，而且生活中还有其他好用的万能句式，你也可以多多挖掘。

总结一下，到这里我们讲了"捧"的第一步"听"和第二步"会附和"。如果你能把这两步掌握好，你就已经是朋友眼中那个照顾他人感受、会倾听、有幽默感的人了。

步骤三：点出矛盾，反客为主，放大笑点

如果你还想再提升一些，下面我为你介绍第三步，点出逻辑矛盾或不合理的地方，为大家放大笑点。

第三步和第二步的差别是，直接点出现场的逻辑矛盾或者好笑的

地方，比"附和"更直接，幽默的效果也更明显。

你看生活中一些性格内向的朋友，大家聊天的时候他们不怎么说话，但突然他们可能点出一句当下情境的槽点，大家在哈哈大笑的同时，注意力一下子就转到他身上了。可见，点破当时场景的这句话是有力度的。

注意，这里的"点出来"并不是有意抬杠，而是出于善意的让大家哈哈一乐。而且，这也是隐晦地表达自己的态度和立场的一种方式。有态度和立场的人，往往才是有魅力的。

这种方式好笑的地方在哪里？通常会出现在一个不停讲话的人，话里出现纰漏的时候，或者出现在一个人说出的话和他原本想表达的意思不一致的时候。我们在说"捧"的第一步的时候说过，要会听。因为一个不停在表达的人是很难抓住有幽默效果的话头的，而一个乐于观察、专注倾听的人则能够很快发现。

关于怎样直接点出现场逻辑矛盾或者好笑的地方，我们简单拆解一个案例。

有一阵很多人都吐槽爸妈非要让自己穿秋裤。年轻人就是不想穿，觉得穿上秋裤之后太臃肿，还土气。试想一下，如果你周围的人全在吐槽穿秋裤这件事，你能不能想到"秋裤使人变丑"的这个逻辑中有什么荒谬的地方，能不能把它戳破呢？

我的同事王建国就说:"好看不好看,90%在脸上,秋裤不管你怎么穿,不挡脸。"

他抓住的逻辑漏洞是,我们说秋裤的时候,好不好看都关注在了腿上,但我们平时看别人好看,只是看腿吗?其实都是看脸。所以他得出结论,穿秋裤并不影响好看,从而推翻了大家都认同的论述,把自己变成了"小机灵鬼"。

我们说过,幽默之所以是智慧的体现,是因为即使再平常的事物,幽默的人也能用另一种视角来看。当你能够静下心来倾听别人、发现漏洞、寻找视角的时候,幽默自然就来了。

避免交流冲突的回应法

好的沟通并不代表迎合。我们在人际交往中，经常会遇到一些言语挑战和交流冲突的情形。在这些情况下，如果你能得体回应，并告诉对方你的底线在哪儿，反而能获得别人的尊重。而幽默就是在一些压力场景下使用的智慧的应对方式，同时能达到好的沟通效果。

下面我们就来介绍三种应对交流冲突的沟通技巧，它们分别是夸张归谬、转移矛盾和荒谬的因果关系。它们尤其适合用在你遇到偏见、误解或者不想回答某些问题的时候。

夸张归谬：有效回应偏见和误会

夸张归谬法特别适合用在你碰到别人对你有偏见、有误解，但是又不好解释的时候，也是脱口秀演员常用的幽默技巧。也就是说，你可以通过夸张的方式，让别人偏见中的荒谬之处呈现出来。

很多人都有这样的感受，尤其是离开家去另一个城市上学或工作，你会发现人们对各个地方的人多少都有一些刻板印象。比如，山西人是不是每顿饭都要喝醋,广东人是不是什么都吃,新疆人是不是特别彪悍,内蒙古人是不是都住蒙古包、骑马上学、吃烤全羊……

这些地域印象变成了很多刚入行的脱口秀演员的素材。如果你看国外的脱口秀,会发现他们喜欢讲述更加广泛的地域印象。比如,黑人总是有讲不完的种族梗。著名印度裔加拿大籍脱口秀演员拉塞尔·皮特斯(Russell Peters),创作了大量用刻板印象和方言来调侃的段子,有兴趣的朋友可以找来视频看看。

再说回我们国内关于地域的刻板印象,大多是出于对别人所生活地域的不了解。另外,地域印象堪称是陌生人之间除星座外最容易找到共鸣的话题,所以你经常会听到有人聊地域。但有些偏见说出来,还是会让人觉得有些被冒犯。比如,"你们宁夏是不是到处都是沙漠,没水洗澡啊""你们上海人是不是都看不上其他地方的人啊"。近年来,大家对小城市的地域歧视变少了,反而是像上海、北京本地人这样看似有优越感的群体,成了嘲笑的对象。

面对此类问题,如果仔细解释,难免显得有些无趣,或者显得你特别在意,好像真如对方说的那样,但如果你不回应,又显得很没风度、很无趣。尤其是在相对正式的工作或者社交场合,一些带有偏见的标签贴上来时你不回应,可能后续的沟通都会不太顺畅。

夸张归谬法就是用来应对这样的问题的。当你用夸张的方式让对方和周围人发现他们话里的荒谬,哈哈一笑,偏见也就不攻自破了。

02 沟通有技巧，让信息有效地传递

我在《今晚 80 后脱口秀》上有一个段子，就用了夸张归谬法。说的是作为陕西人，我是如何回应一些人对陕西人的刻板印象的。

我上大学的时候，开学第一天，室友就问我："思文，你说我们学校宿舍怎么这么好，还有洗手间呢，你们陕西人不都喜欢住窑洞的吗？""你还穿连衣裙，你穿成这样，打腰鼓的时候会不会不太方便？"

真的，有很多朋友问我："你们陕西人是不是都会打腰鼓？"

我怎么说？我说："是，陕西人都会打腰鼓，我们那儿吃饺子都是面馅儿的。过年的时候你们上海人会让小朋友给叔叔阿姨表演弹钢琴、拉小提琴，我们陕西人不，我们陕西人都跟小朋友说，'来，宝宝，给叔叔阿姨表演一个边扯面边打腰鼓的绝活儿吧'。"

我把别人对陕西人吃面、打腰鼓的刻板印象非常夸张地放大了。"你们陕西人是不是都会打腰鼓？""是，陕西人都会打腰鼓，我们从小就都报腰鼓培训班。""你们陕西人是不是只吃面？""对，我们陕西人只吃面，我们那儿吃饺子都是面馅儿的。"

当你把一件事夸张到一定程度的时候，大家就会发现其实那是非常荒谬的。在荒谬里一下子就产生了笑点，也会引导听者去思考，并

很快就会意识到，之前的偏见是不对的。

你在让大家哈哈大笑的同时，也给自己解了围，而且说你的人一定想不到你会这样夸大对自己的偏见。他没办法马上回应你，这个话题也就不会再继续了。

有了这样直观的感受之后，下面我们来看看夸张归谬法怎么用。具体来说，有两个步骤：先承认，再夸张。

第一步，先承认。当对方说一些对你有偏见或者有误解的话的时候，你不要急着反驳。相反，你要说"是的"，把这个偏见先"接"下来。

第二步，夸张。在对方说的基础上，你要顺着对方的思路把这个偏见继续夸张下去。注意，你在夸张的时候，要敢于把它夸张到底。这样大家一下就会听出其中的荒谬，产生幽默和帮你解围的效果。

这个方法应该说不难。你学会之后，不但能轻松应对我们前面说的地域偏见，而且对于其他偏见和误解，甚至当你觉得被攻击、被冒犯的时候，都可以用这个方法来应对。

下面我们举几个生活中常见的情形，看看可以怎么回应。

比如，你在大城市工作，过年回家，不太熟的亲戚朋友问你："你在大城市上班，租房是不是特别贵啊？租的房子是不是很小一间，东西都放不下啊？"

这是一个对大城市生存情况的偏见，可能你住的房子挺大的，但是你不想解释；也可能你租的房子确实不大，但认真回答又觉得有点被冒犯，这时你就可以用夸张归谬法。先承认说"是的"，然后顺着对方的思路，把他的偏见"租房贵""房间一定很小"继续夸大到荒谬的程度，你可以说："对，房间特别小，只能放半张床，腿都伸不直。"

相信那些阿姨大叔一听，一定会觉得这孩子这么惨，同时，也知道你在开玩笑，并没有想认真地讨论这个话题，也就不好再问你了。

再比如，有的人喜欢拿别人的外貌开玩笑，自我感觉和别人很熟，但是被开玩笑的人可能并不开心，觉得被冒犯了。下次你若遇到类似这样的情况，比如"你怎么这么矮啊？""你们程序员是不是都脱发啊？"，你就可以这样来回应："对，我就是不长个儿，我生下来就一米五，现在还是一米五。""对，程序员都脱发，我们公司没有一个有头发的。"

相信有过一次之后，对方也能感受到，这样的玩笑和冒犯是不受欢迎的。你用调侃的方式表达了自我，也让对方知道你在这个话题上是有底线的，以后会更加尊重你。

转移矛盾：巧妙回应尖锐问题

应对交流冲突的第二个技巧是转移矛盾法。它特别适合用在别人向你提出了一个尖锐或者难回答的问题，你不想回答但是又不得不回答的情况下。

当然这样的场景有时候也会带有偏见,所以不用拘泥于是用夸张归谬法还是转移矛盾法,只要是应对交流冲突的,这些小技巧都可以根据实际情况灵活使用。

具体来说,转移矛盾法就是对方抛过来一个比较棘手的问题,你知道对方想问的是什么,但是你偏偏不直接回应,而是选择一些非常次要的矛盾,拎出来主动去讲,从而回避主要矛盾,即把矛盾冲突转移掉。

很多名人在应对记者提问的时候非常机智幽默,不仅能一下子把对方尖锐的问题化解了,现场的气氛还很好,用的就是这个小技巧。

很多人都知道李宇春,她在2005年获得了当时最红的选秀节目《超级女声》的全国总冠军,从而开始了演艺生涯。用今天的话来说,她就是当时的顶级流量。但是爆火的同时,她也引来了很多争议。比如,很多人觉得她的外形比较中性,不是典型的女性形象。

在一次采访节目中,主持人问她:"春春,你刚开始火的时候,看到铺天盖地的社会学学者、博士来研究你,比如什么泛性别啦,从各个不同角度,你看到那些高深的评论的时候,你怎么想?"

你一听就知道,这位主持人想问的是,李宇春对于大众眼中她不够女性化的评论怎么看。主持人提到的"泛性别",也就是人类学中对男性女性化、女性男性化的研究,其实这个问题是很尖锐的,甚至有些冒犯被采访者了。

如果你是当时的李宇春,你会怎么回答?显然,直面这样的评论就会陷入被动,不管你怎么解释,都不能让大家满意。

李宇春是这样回答的,她说:"觉得大家还挺辛苦的。"

现场的观众顿时就笑了。旁边的主持人也接着说:"真的,哪有那么累啊……我相信再过十年,人们再研究真人秀明星的时候,可能对李宇春的评价会是,'她是一个很酷的女孩,而且一直在做她自己'。"

可以说,一个漂亮的回答完全扭转了被动的局面。

李宇春用的小技巧就是转移矛盾法。她当然知道主持人问的是什么,但是她没有直接回答,而是选取了主持人话里面很小的一个细节,"铺天盖地的社会学学者、博士来研究你……从各个不同角度",说明研究者很多,学者、博士都很辛苦。她把这个细节抓出来,转移了主要矛盾。

通过这个例子,我们来提炼一下转移矛盾法的使用步骤:
- 明确对方希望你回答的问题,也就是主要矛盾。
- 在对方的话里,找到一些不重要的细节,也就是次要矛盾。

- 选择任意一个和主要问题无关的细节，进行回应。

这时候，你就能顺利地把不想回答的尖锐问题转移掉了。

比如，别人问你："什么时候结婚啊？""一个月收入有多少啊？""你怎么还不生孩子啊？"这些都是常见的没眼力见儿的问题，要回答这些问题，我们可以试一下转移矛盾法。

你不想回应的主要矛盾是"结婚""收入""生孩子"，那只要能避开这些话题，随便找一个点进行回应就可以了。比如："你什么时候结婚啊？""等我爸送我房子的时候。"你甚至可以把矛盾转移到问话人身上，"等你要二胎的时候啊"。

我们认为一个问题非常尖锐、难回答，其实是因为我们把自己陷入了"必须直接回答"和"不回答"这样二选一的死胡同，这时候你的视角是单一的。而幽默恰恰需要的是多视角。当你在切换视角和寻找视角的时候，自然就帮助自己跳出了这样二选一的死胡同。

而且，当你能看到其他选项的时候，你给出的答案往往就会超出别人的预期。一旦超出别人的预期，就会产生意外感，从而显得你很机智幽默。

荒谬的因果关系：轻松化解"不想回答的问题"

应对交流冲突的最后一个高情商小技巧就是荒谬的因果关系。这个小技巧的使用比前面两个技巧更加简单，在你黔驴技穷的时候非常好用。它适用的场合也相对非正式，比如在和朋友的闲谈中，遇到不想回答的问题时，就可以随时使用这个技巧。

简单来说，荒谬的因果关系就是答非所问。当你遇到不想回答的问题，或者这个问题解释起来过于复杂、不方便解释的时候，你就可以用一个和问题毫无关系的答案来回应，而且随便什么答案都可以。

因为你的回答和问题无关，放在一起就会起到一种荒谬的效果，让人觉得好笑。听起来可能有点复杂，其实非常简单，我们来看一段我在第一季《脱口秀大会》上的段子。

> 女人结婚之后，你就突然变成了一只母鸡，所有人见到你都会问，你"下蛋"了吗？真的，女人结婚之后你的工作不重要了，没有人关心你飞得高不高，也没有人关心你飞得累不累，所有人见到你都会问，你"蛋"都不下，飞什么飞？
>
> 每次面对这种质问，我都很想告诉他，我"母鸡"啊。
>
> 其实我们已婚妇女承受了很多，请大家善待我们，我们是人类的好朋友。

这里最后一句，"我们已婚妇女承受了很多，请大家善待我们，我们是人类的好朋友"就是荒谬的因果关系。你要解释的是为什么要善待妇女，但如果真的解释起来会非常复杂，解释完也就不好笑了。

但是通过这个段子，大家心里也都大概有了自己的答案。所以这时候你说"我们是人类的好朋友"，虽然大家一听就知道和你想解释的没什么关系，但是哈哈一笑也就都理解了。

荒谬的因果关系在生活中具体可以怎么用呢？非常简单，你记住"答非所问"这四个字，用一个不相关的理由来回应就好。

我们一起来试一下。

1. 第一个场景练习：你遇到不想回答的问题时

我们经常遇到这样的情况，有的人会特别理所当然地麻烦别人。比如，你出国她请你代购，列了很长的单子，也不管你是不是有其他的行程安排，行李箱是不是装得下。

下次你再遇到这样无理的请求，这种人用微信问你："去日本啊，帮我带一点药妆，背一个马桶盖回来好不好？"你就可以在微信回复她："哈哈哈哈，那要不要先买一份我的保险？"

你看，用明显无关和荒谬的原因来回复，别人一看就明白了你的拒绝态度。但因为你的回答带着开玩笑的意思，也给对方留了台阶。

2. 第二个场景练习：遇到不好回答，也就是解释起来过于复杂或者不方便回答的问题时

我们在生活中经常会遇到一些不方便解释，或者一解释时间就很长，别人可能也并不是真的想听的问题。如果你认真回应，很多时候反而会显得无趣和不得体，但是用上这个小技巧，反而能给你留有更

多的余地。

比如，别人问你："最近怎么脸色这么差？"可能真实的原因是你家里出了一些事情，工作上又不顺，被降薪，解释起来既复杂又暴露隐私，还可能给听者增加压力，即使是闲谈的场合也可能不太合适。

这时你试一下用荒谬的因果关系这个方法，给别人一个一听就知道毫无关系的理由，可能效果就不一样了。你可以说："因为我换了一个男朋友"，或者"因为最近每天晚上都在数钱"，别人一听哈哈一笑，也就知道这个问题不太好再问了。

用演绎代替描述，让表达更生动

很多人会有这样的困惑，"为什么我讲话不是很有趣，总是没有存在感"。你看周围那些特别有趣的人，说话总是绘声绘色的，好像不经意间就能抛出一个段子，让大家笑得前仰后合。

你可能也曾经试过向这样的人学习，给人转述，但效果就没那么好。这背后的原因是，我们在讲一件事的时候，一般习惯用"描述"；而说话吸引人的朋友，尤其是那些幽默的人，会有意识地用"演绎"。

用演绎代替描述

演绎其实没有那么玄，举个例子，你要吐槽生活里有些人不好好说话，总爱夹杂一些英文，自以为很洋气。你可能直接就这么说了，"有的人出国回来就不爱好好说话，总是加些英文"，这叫描述。听上去很直白，少了点"有意思"。

如果你试着把刚才描述的情形"演"出来，可能周围的人感受就会不一样，一下子就被你吸引了。我的同事张博洋就讲过这么一个段子：

> 很多朋友出国以前都很正常，回来就不能好好说话了。我有个朋友，一般人聊天表示认同会说什么？"对对对，没错"；他表示认同，"嗯哼，嗯哼，嗯哼，嗯哼"。道歉也不一样，一般人不小心碰到别人就说"不好意思，对不起"；他不小心碰到别人，"sorry"（对不起）。你就感觉他那个意思吧，不是很 sorry。我们在一起最可怕的是，突然掉东西。一般人手里拿个东西不小心掉了，第一反应是"哎呀"；他手里拿个东西不小心掉了，第一反应是"oops"（哎哟），刚捡起来又掉了——"oopsie"。

你看，他说的是不是有种绘声绘色的感觉。再加上适当的动作、相对夸张的表情，这就是演绎。和单纯平铺直叙的描述相比，演绎显然有截然不同的效果，立刻就觉得好笑了。

那么具体怎样用演绎，而不是用描述来表达一件事情呢？我给你介绍三个小技巧，它们也是我个人在表演时比较喜欢使用的技巧。这三个技巧之间的难度是递进的。

带入场景：让表达更有画面感

演绎的前提是要有场景。喜剧里有个词叫 act out，说的就是把一个场景演出来。

你想，如果你只是说一件想表达的事或者观点，没有场景，就很容易进入平铺直叙的状态，让整个表述变得直白和乏味；而如果你能把想表达的事放到场景里说给别人听，听者加上自己的"脑补"，便有了画面感，从而放大了你表达的效果。

带入场景有两个小技巧。第一个技巧是，你可以把要表达的这件事或这个观点放到不同的场景里，通过不同的场景来反复强化，使叙述变得生动。

比如，你要吐槽生活里那些不好好说中文，总爱夹杂英文的人。你就可以像张博洋一样，把这件事放到几个场景里，多说几次。我们来拆解一下。

首先，先把自己要表达的观点说出来，"很多朋友，出国以前都很正常，回来就不能好好说话了"。接着，把不好好说话这件事放到不同的场景里强化一下。他一共用了三个场景：

- 第一个场景,聊天的时候,别人表示认同,说"对对对,没错";他表示认同,说"嗯哼,嗯哼,嗯哼,嗯哼"。
- 第二个场景,一般人不小心碰到别人,道歉的时候,说"不好意思,对不起";他说"sorry"。注意,这里的语气要夸张一点。
- 第三个场景,突然掉东西了,别人的反应是"哎呀";他的反应是"oopsie"。

通过把一件事在三个不同的场景里进行演绎,这里面的荒谬和笑点就被放大了,你想吐槽的对象形象地展现在你面前。

你以后跟朋友聊一件好玩儿的事或者吐槽一下的时候,就可以用这种方法,放大你表达的趣味性。

比如,你跟朋友吐槽一个人抠门儿,你就可以说:"这个人什么都好,就是有点抠儿。我们一起吃烤串,他就只点一串,然后自带一瓶啤酒;我们一起逛商场,他最爱逛的就是超市,因为超市可以试吃。每次挨个试吃,超市的试吃营业员看见他来,都捂住自己的碗。"

这段吐槽没有抛梗,仅仅是把"抠门儿"这件事放在两个不同的场景里,但是不是比光说"我有一个朋友什么都好,就是特别抠儿"要生动多了?

注意,你一般用2~3个场景就够了。因为在汉语的语言体系里,两个相同的结构能形成一种特定的节奏,引发笑点,而第三个类似的结构能打破节奏，加剧笑点。如果再多，效果就会下降了。而且这三个场景好玩儿的强度一定要依次递增，否则听完最好笑的，后面也就不那么吸引人了。

带入场景的第二个小技巧是，你可以给这个场景添加更多的细节。也就是说，你要尽可能用生动的词汇去呈现这个场景，尤其是多用动词和对话。这样，听者才更容易被吸引，从而融入你所说的场景里去。

比如，我在《脱口秀大会》第二季中，讲过我姥姥喝咖啡的一件事儿：

（但是）没有人愿意喝咖啡，我姥姥只能自己喝。从那天开始，每天早上我姥姥会拿一个绿色的搪瓷碗，冲满满一碗咖啡，又苦又浓，抱着那个碗倒吸一口凉气，"你妈妈一天买这些东西浪费钱！"（喝咖啡的声音）一饮而尽啊。

这里面我就添加了很多细节，尤其是动词和对话。比如，姥姥"拿"了一个绿色的搪瓷碗，"冲"上满满一碗咖啡，喝之前"抱"着碗，"倒吸"一口凉气；我还模仿了姥姥当时说的话，"你妈妈一天买这些东西浪费钱"，现场效果非常好。

如果我把这些场景里的细节、动词、对话都去掉，会怎么样呢？它就会变成，"小时候大家都不知道咖啡该怎么喝，我姥姥也不知道，于是就看到她每天吃早饭的时候，硬着头皮喝咖啡"。这段话没有具体的描述，效果瞬间大打折扣。

所以，以后你再给朋友讲笑话或者有趣的事时，也可以注意一下，加上场景之后再多往里面添加细节，用上动词和对话，就会更生动。

比如，还是以吐槽一个人抠门儿为例，我们在之前的基础上加上细节和对话，看看效果怎么样。

你可以说："我一朋友什么都好，就是有点抠儿。有一次我们一起吃烤串，他往那儿一坐，就点了一串烤串，然后从兜里掏出一瓶啤酒，擦了擦之后对我说，'我知道你不能喝酒，不喝没关系，我不勉强'。还有一次我们一起逛商场，到饭点儿了，一回头人不见了。我在那儿找半天，原来人家在超市拿着牙签各种试吃呢。"

这里我们用了很多动词，比如"掏"（出一瓶啤酒）、"擦"（了擦）、"拿"（着牙签试吃）；我还模仿了朋友当时在现场说了什么话，这些都会为演绎加分。

带入角色：让听众身临其境

演绎的前提是要先有场景，但是光有场景还不够。如果你想做得再好一点，就要追求绘声绘色的效果。所谓绘声绘色，就是你能够把当时的情境呈现出来。也就是说，你可以尝试带入角色，把场景活灵活现地"演"出来。

首先，对于性格比较内向的朋友来说，可能一听到"带入角色"就会觉得是不是有点难。其实只要你有意识地在与人沟通时加强"对话感"，和对方聊起来，而不是像背书一样，效果就会好很多。

很多人在沟通中觉得自己说话没有存在感，吸引不了大家的注意力，其实是你没有注意到你要怎样调动对方的情绪，让对方时刻感受到"快听，我在对你说"。这种时刻向对方强调"我在对你说"的感觉，就是对话感。

对话感最大的天敌就是说话一板一眼，或者过于平淡，像背书一样。尤其是你要进行一次演讲，或者讲述一件有趣的事儿，千万不要一字不差地把你准备的素材背下来，或者特别刻意地让人感到"我要开始讲段子了"。因为一字一句地背诵段子过于死板，你一定要加上自己的理解，这件事哪里好笑了，有一点添油加醋都没关系。

很多人会说："唉，我这个人，见到陌生人就有社交恐惧症，但熟人都知道，我其实是个挺逗的人！"那么，见到陌生人和在熟人面前，这样的人差别在哪呢？

仔细回忆一下，在熟人面前，你往往轻松自如，你能感受到你在发自内心地向别人分享一件好玩儿的事，你是在绘声绘色地给人"讲"一个段子或者一件有趣的事儿，讲得还特别带劲，这就是所谓的带入角色了。

记住你跟朋友分享时说的这种津津有味的感觉，就是我们要的对话感，然后再把这种状态用到你和其他人的沟通中。如果你想变幽默，记住把这种状态用到讲其他的段子上，你就会有进步。

为了加强你讲述时候的对话感，你可以尝试一个小练习：找一个你真的觉得很好笑的事情，讲给你要好的朋友听。

如果你一开始练习不太放心，可以在讲之前加上一句："我上次遇到一件有意思的事情……"，或者"我跟你说啊……"，这样就有了一个开场白。在讲的过程中你也可以多用"我"和"你"这样的人称代词来增加互动，让听的人觉得你是专门对他说的，这样你的演绎就成功一半了。注意，你还可以用到我们前面提到的技巧——带入场景，增加动词，加入对话。

其次，带入角色更重要的是，你要呈现出演绎的场景，还原当时所有的角色。也就是说，你要把自己带入你讲的角色，把这些角色是什么样的"演"给现场的人看。

这样说可能有点抽象，我拿我在第一季《脱口秀大会》上讲过的"把夫妻过成兄弟"的段子为例，大家感受一下。

> 作为过来人啊，我跟大家分享一个经验，就是两个人在一块儿时间长了，就连"我爱你"都懒得说。有一天我就问我老公，我说："你爱我吗？"
>
> "哎呀，不要说这么伤感情的话。"

我说:"那你就不爱了?"

"这是你说的,我可没说。唉,感情深,一口闷。"

在实际呈现的时候,我把自己分别带入了妻子和丈夫这两个角色,把妻子怎么说、丈夫怎么说的场景直接演了出来。

这里有一个小技巧,就是在演绎的时候遇到不同角色的对话,要直接用他们的语气和特点把话讲出来,而不要加过多的旁白和注释。比如,"谁谁谁先说了什么",另一个人又说"当时的情况怎样怎样"。因为一加过多的解释,整个对话就会变得索然无味。比如,上面这个段子就会变成:

有一天我问我老公,我说:"你爱我吗?"他也没有直接回答我爱还是不爱,他说:"不要说这么伤感情的话。"我听了之后想,这是什么意思?想了想又继续问:"那你就不爱了?"他竟然说:"这是你说的,我可没说。"然后还说了一句:"感情深,一口闷。"

是不是一下就变得啰唆、混乱了?不但把整个讲述的语流和演绎打断了,时间长了听的人还会疑惑,到底哪句是谁说的呢?所以你在讲一件有趣的事或者讲一个段子的时候也要注意,把自己直接带入角色，少用描述性的语言，进入对话之后，就不要再有过多旁白和解释了。

这里我再补充一个演绎不同角色的小技巧。如果遇到多个角色对话，你可以通过肢体上的小动作来帮助区分，这会让你的聊天对象看得更清楚，不容易混乱。

具体来说，就是你在模仿不同角色的时候，可以面朝不同的方向。比如，在"夫妻过成兄弟"的段子里，我在模仿妻子说话的时候，身体朝向左边；换成模仿丈夫的时候，身体就朝向右边，大家就会明显发现这是两个不同的角色，非常清晰。

你在讲述一件事或者讲一个段子的时候，一次演绎的人不要太多，尽量不超过两个，不然你自己和听者都容易混乱。

敢于模仿：让表达生动又好笑

每个人的性格不一样，如果你比较内向，觉得模仿会让你不好意思，那么你也不用刻意为之，因为这并不是一件非做不可的事。掌握好我们前面说的带入场景、带入角色，你在沟通中就会表现得很生动。如果你天生比较外向，喜欢逗乐别人，或者对模仿感兴趣，那么你在和人聊天或者讲段子的时候加入一点模仿的元素，会给人留下深刻的印象。

1. 模仿的要领

我们先来说说模仿的要领，这里主要有三点：

（1）模仿的核心是抓准特点，然后夸张 10 倍

我自己从小就很喜欢模仿别人。模仿成功的关键不是要还原你的模仿对象，而是要抓住对方的特点，夸张放大 10 倍。你看生活里很多时候，一个人做一件事，你看了觉得没什么，但是当别人把它模仿出来的时候，这件事就突然变得很搞笑，这就是因为模仿的人把其中值得调侃的地方放大了。

我们说过，当你放大一件事的时候，人们才会更容易看到其中的笑点，这也是模仿最核心的部分。我后面讲到如何模仿的时候，还会再详细展开。

（2）模仿你真正觉得好笑的部分

很多人可能会觉得，这句话也太简单了吧，但其实这是你模仿成功的基础。幽默最重要的还是要让自己开心。你会发现，同一个段子，不同的人讲出来，效果会截然不同。即使大家都是专业的脱口秀演员，每个人对这个段子的理解也会不同，表达出来的效果自然也就不同。如果你不是发自内心地认为它好笑，那么你讲出来，大多也不会觉得好笑。所以你模仿的一定要是你发自内心觉得好笑的部分，这样才更容易向别人传递出好笑的感觉。

（3）从模仿一个特别奇怪的人入手，再模仿其他人

有的人会担心自己不太会模仿，是不是要从和自己接近的人试起来。其实，对初学者来说，模仿一个"奇怪"的人更容易成功。这里的"奇怪"不是说这是一个怪人,而是说这个人身上的特点非常明显,和普通人不一样。

比如,有的人特别爱翻白眼,有的人一紧张就容易出汗,有的人笑声特别奇怪、说话爱喘气,有的人生气起来就甩头、叉腰又跺脚。这些都是比较容易观察到也好把握的特点。如果你周围真有这么一个人,你模仿出来,一定比一些普通的特点更容易让身边的人辨识出来。有没有发现,这简直堪称小学生最热爱的幽默技巧。

模仿首先需要观察,观察和模仿的能力都需要慢慢建立。越是生活中普通的人,他们的特点越不好观察和把握。通过模仿一个"奇怪"的人,学会抓住他那些有标志性、特别明显的特点,能帮助你练习从哪些角度去观察一个人,以及该怎么把握模仿夸张的要点和尺度。

等你掌握之后可以再回来挑战,模仿一些生活中特点不那么明显的人。那时候的模仿,就需要你带着目标去仔细观察,找出别人没注意到的细节特点和小动作了。

最后,你还可以模仿和你在性别、年龄上反差比较大的人。比如,女性模仿男性说话,年轻人模仿老人说话,也是比较容易抓住特点的。我在前面拆解过的"把夫妻过成兄弟"的段子、模仿姥姥喝咖啡的段子,就是这样带有反差的模仿。

2. 模仿的诀窍

接下来,我们来看进行具体实操。我列举了一些容易模仿的特点,以及一些让你在生活中的模仿更有效果的小诀窍。

（1）口头禅

这是非常容易抓住，也很容易让听者有共鸣的特点。比如，你上司的口头禅是"听我的"，你在和同事聊天的时候，模仿上司时这么说，"听我的，我不要你觉得，我要我觉得，快去楼下帮我取个外卖"，就会很有意思。

另外，还有一些口头禅带有地域特点，比如上海人的"哦呦"、南京人的"乖乖"、东北人的"可不咋地"，模仿起来效果也会不错。

（2）习惯性动作

习惯性动作包括一个人走路的姿势、特别的神态、小动作等。比如，有人走路喜欢背手挺肚子，有人说话经常皱眉头，有人拿东西的时候翘兰花指，有的老师讲课的时候喜欢敲黑板，有人抽烟的习惯性动作和别人也不一样，等等，这些都是很好的特点。

（3）声音和语气

比如，有的人说话声音特别高，有的人说话声音特别低；有的人说话特别快，有的人说话慢条斯理。对语气的模仿有一个窍门，就是你不一定真的要用模仿对象的语气，只要抓住他说话时的情绪和状态，然后放大就可以了。这就是我们说的抓准特点，然后夸张。

这里的情绪可以是得意的、撒娇的、阴郁的，状态可以是亢奋的、低落的、不温不火的。比如，模仿一个说话很嗲的人，你就抓住"嗲"

是一种什么情绪状态就可以了。

李诞有一个段子是这样说的：

> 你们想不想看侯佩岑和林志玲聊天？
> "你最棒。"
> "你更棒。"
> "加油加油。"
> "你才加油。"
> "爱你爱你。"
> "爱你爱你爱你。"

可能侯佩岑、林志玲本人说话并不完全是这样的，但是大家一听就是这个感觉，这就是抓住了模仿对象说话的情绪特点，把它表达出来，虽不是原汁原味，但是惟妙惟肖。

03. 沟通有边界，让对方舒服地接收信息

一个情商高、会说话的人，本事往往就体现在分寸之间，尤其是那些在各种场合都能得心应手、彰显风趣的人更是如此。

把握说话的分寸，明确自己的边界

不知道你有没有这样的感受，我们总会羡慕那些在各种场合都能活跃气氛、风趣幽默的人。有些人好像张嘴就是段子，在饭桌上出尽风头。但是当我们在相同场合，仿照他们的样子讲段子的时候，却会发现没那么容易。有时候，我们的本意是打破尴尬，说了几个笑话刻意去热场，可讲完之后，场面往往更加尴尬了。

我在前公司（一家信息技术公司）就有过这样的经历。部门团建，饭桌上大家都很沉闷，一位同事想调节一下气氛，讲起了自己百试不爽的一个段子："程序员为什么在下雨天比常人反应要快几秒？因为他是秃顶！"

这位同事讲得很起劲，可是突然发现，全场没一个人回应他，空气好像都凝固了。这时候，头顶有些稀疏的领导咳嗽了一声，出门抽了根烟。

之所以发生这样的状况，是因为我们在与人沟通或闲聊的时候，面对的其实是一个复杂场景：你所处的场合不同，交流的对象不同，甚至你不知道对方会有哪些禁忌，在这样的情况下，你说话的分寸就很重要。

一个情商高、会说话的人，本事往往就体现在分寸之间，尤其是那些在各种场合都能得心应手、彰显风趣的人更是如此。

因为，幽默本身就带有一些锐利的感情色彩，你要调侃一件事情，让人看到其中的笑点，往往就要去戳破一些东西。在你戳破它的时候，如果把握不好分寸，不但你说出来的笑话不好笑，还容易触碰到别人的底线，或者显得不合时宜。就像我那位调侃别人秃顶的前同事一样。

但是，如果你能够把幽默的分寸、尺度都拿捏得很好，日常交流中的分寸和往来对你来说就很简单了。

把握说话的分寸主要体现在以下两个方面。

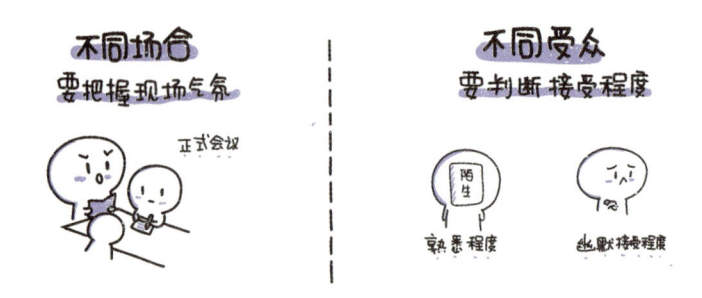

把握说话的分寸

不同场合，要把握现场气氛

说话要分场合，这听上去像老生常谈。你一定知道，公开场合不要开别人私生活的玩笑，严肃场合不要开轻佻的玩笑。但是除了这些明显不能触碰的雷区之外，我们生活中更多会遇到的是一个场合是否合适说一些轻松的话以及如何说；如果可以开玩笑，那么开到什么程度，这就是一个需要精细化拿捏的问题了。

比如开会的时候，大家都很严肃，你当然知道不能开轻佻的玩笑。但是，我们在这种场合能说些什么来调节一下气氛呢？再比如要参加面试或者做述职报告，如果你想通过幽默给面试官或领导留下好印象，把握什么样的分寸能起到好的效果呢？

我们可以借用喜剧表演来帮助理解。看一个人能不能成为好的喜剧演员，有一个基本要求，那就是看他对所处的场合、环境有没有敏感度。我借用心理学上的一个词——场域敏感度，来定义这种能力，场是"场合"的场，更是"磁场""气场"的场。也就是说，一个人是否有足够的敏感度，去判断所处的场合氛围是什么样的，是紧张的还是放松的，适不适合幽默一下调节气氛；如果适合，那么哪些行为能做，哪些行为不能做。

幽默的产生非常微妙，它非常依赖场合和环境，只有在放松的状态下才容易有效果。如果这个场合是紧张、压抑的，那么刻意调节气氛可能会弄巧成拙。

如果判断场合是严肃的,比如部门里正式的项目总结会、公司会议或行业论坛,你把握不好就不要开玩笑。保持职业性,是最安全的做法。

但如果轮到你发言了,此时周围的气氛已经非常倦怠,大家都在打瞌睡、玩手机,而你非常明白,这对你来说是一次重要的发言,甚至会决定你的升迁,那么此刻就需要你来强行调节气氛了。遇到这种情况,幽默一下是最好的方式,但是,具体怎么做呢?

请记住一个核心要点:敏锐地抓住现场大家共同关心的问题,让气氛放松下来。

"共同关心的问题"可能是一个话题,也可能是大家共同的情绪。这里的情绪是紧张或者慵懒都不重要,只要是大家真实的情绪、有共鸣就可以,而通过你把它说出来,自然会让现场先放松下来,大家的注意力会转移到你的身上,此时再说你想说的话就会事半功倍。

比如,会议室里的同事都在玩手机,大家心里都清楚,可是没人会说。你上台的时候就可以说:"下面我要发言了,大家先别玩手机了,不然一会儿我讲得更无聊了,你手机又没电了。"

再比如,你一定有过类似的感受,大领导来旁听你们的部门会议,大家都很紧张,这时候如果领导能说出一个你们工作中正经历的困难或者关注的问题,气氛一下子就会放松下来。

2019年，我们公司的年会就发生了这样的一幕。由于经济下行，2019年年会的规格显著降低，大家的情绪都比较沉重。领导上台发言："今年的形势不太好，所以我们的年会也取消了抽奖环节，为的就是不要给大家降工资，大家理解一下。"

这句话一抛出来，后面领导再说什么，大家就都愿意接受了。

不同受众，要判断接受程度

我们都知道和人沟通或聊天的时候，要考虑你的沟通或聊天对象是谁。比如，跟领导说话一定和跟伴侣、朋友说话不一样。你要考虑对方更容易接受的交流方式是什么，来决定你要说什么、怎么说。

那么，面对不同的人该怎样把握幽默的分寸呢？具体来说，要考虑两点，一是对方和你的熟悉程度，二是对方在幽默上的接受程度。

第一点不用多说，它就是指跟陌生人不要乱开玩笑。如果是一般的熟人、同事，你想和对方拉近距离，可以用自嘲、赞美来试探；如果是非常熟悉、亲密的朋友，相信你们之间能开的玩笑就很多了，越是互相吐槽可能关系越好。

我主要想跟你分享的是第二点，即怎样判断你的说话对象在幽默上的接受程度，并进一步把握好说话的分寸。

1. 用聊天判断幽默接受度

你可能会说，判断接受度这件事，熟悉的人还好了解，如果是不熟悉的，也不能直接问："你喜欢开玩笑吗？""你能接受我调侃你的身材吗？"

在制作喜剧综艺《吐槽大会》的时候，我们要跟明星对稿子。每一次和明星的会面，就是一场对陌生人幽默尺度的试探。我们既不能太莽撞，又要在沟通中获取信息，对对方有所了解。

在这个过程中，我总结了一个好用的经验。下次你需要和不那么熟悉的人破冰，增进了解的时候，可以试一下。

这个经验就是你可以和对方先聊天。聊什么呢？就聊最安全的话题，比如，喜欢看什么书，看什么综艺，喜欢什么明星，有什么业余爱好，等等。通过对这些基本喜好的了解，你大概就能知道对方对幽默的接受程度以及聊天的界限。一般来说，对幽默接受程度高的人，可聊的范围也会比较广。

比如，你发现对方喜欢看喜剧电影、看搞笑的美剧，对赵丽蓉、陈佩斯的小品、郭德纲的相声如数家珍，那他一定是一个对幽默感兴趣、接受程度高的人；反过来，如果你们聊任何跟喜剧、幽默相关的话题都聊不下去，说一个很老的段子对方也没听过，那你就知道他在幽默上的接受程度会比较低。

很多时候，人不可貌相，有些人看似腼腆害羞、不爱说话，但可能一聊到郭德纲就两眼放光，这说明他其实是可以接受调侃的；而有的人看上去大大咧咧，但很可能一开玩笑就容易触雷，你和他的沟通就最好保持在安全的界限内。

了解了对方在幽默上的接受程度之后你就可以分而治之了。对于接受程度低的，不要随便开玩笑，你可以调节气氛，但不要调侃对方；对于有一定接受程度的，你也不是就可以随意开玩笑了，这里面还有一个分寸的试探。

2. 避免突兀，避免"too soon"

美式脱口秀里，有一个术语叫"too soon"，中文意思是"太快了"。它有点像脱口秀爱好者的内部黑话，一般用在脱口秀表演里。

在脱口秀表演中，如果一个演员上来就说了一个比较深刻的段子，或者接受程度不太高、尺度比较大的段子，观众很可能不仅不会感到好笑，还会感到不舒服。这时候老观众就会在下面说"too soon"。有时候脱口秀演员自己也会在台上自我调侃"too soon"，就是说，太快了，不该这么早聊这个话题，这个段子可以往后面放一点。

我们日常的沟通也是一样的，别人和你聊天，有一个信息接收的过程。哪怕是对幽默有一定接受程度的人，你也不能一上来就说一个特别深刻或尺度大的段子，也不能把人家调侃得特别厉害。这些都会让人觉得你没分寸。

你想想，你找老朋友借钱，一开始肯定要先寒暄一下，说说最近在干吗啊、家里人都还好吧，聊得差不多了，再进入正题，问他借钱。这些寒暄、试探、拉近距离，其实是我们正式沟通的铺垫。

那么在和人聊天的时候,怎样通过试探把握好幽默的分寸呢?

3. 从自嘲到吐槽,把握幽默的分寸

脱口秀演员上台,为了避免"too soon",一般在呈现表演的时候会用这样的顺序:自我介绍—自嘲—吐槽。同时,吐槽要从与表演话题相关的话题开始,由轻到重。

《脱口秀大会》第二季有一期的主题是《我好像被骗了》,新人演员豆豆的一段表演就是使用这样顺序的典型,你感受一下:

> 大家都开心吗?特别好,特别开心啊。大家好,我叫豆豆,今年23岁。很多人会问我说:"豆豆啊,你才23岁,你的抬头纹怎么这么深啊?"是这样,大家小时候做过眼保健操吗?
>
> ……
>
> 我第一次听到眼保健操那个广播的时候我整个人蒙掉了。
>
> "眼保健操现在开始,第一节揉天应穴"。
>
> 天应穴在哪?我不知道,就问我同桌,我说:"王小帅,天应穴在哪?"
>
> 他说:"你管它呢,你揉啊!"
>
> 所以,你们的抬头纹怎么来的我不知道,我是靠自己的努力得来的。

你看，豆豆上来先跟大家打招呼，"大家都开心吗"，这就是寒暄、拉近距离。然后自我介绍，在自我介绍里他用比较轻微的自嘲来热场和破冰。豆豆调侃的是自己年纪轻轻就有抬头纹。其他脱口秀演员常用的自嘲还有之前我们说过的调侃自己的名字、家乡、长相、身高等，这些你也可以用。

在这个过程中，观众渐渐接纳了这个人，豆豆也顺势从"抬头纹"进入第一个和表演话题相关的段子——小时候做眼保健操被"骗"，于是开始吐槽。这段表演的后面还讲到了他小时候被外婆也"骗"过。

如果你看过豆豆的表演会发现，被外婆"骗"是他这段脱口秀最有意思的地方。但是他没有一上来就讲最精彩的部分，而是从抬头纹和眼保健操开始讲起，就是为了避免"too soon"。

你想，如果豆豆一上来就说自己有一个外婆，因为相信公众号的养生文，特别喜欢拍打自己，喜欢用身体撞树，观众可能听了就会非常疑惑："我连你是谁都不知道，我为什么要在这里听你讲你的外婆？"

这个过程，就是由自嘲到吐槽、由轻到重，通过试探，来把握好和人交流中幽默的分寸，让人觉得不突兀、不被冒犯。

4. 生活中如何把握幽默的分寸

我们刚刚说了，脱口秀演员在舞台上把握和观众交流的分寸一般会用自我介绍—自嘲—吐槽这一递进顺序。同时，吐槽也是由轻到重，避免一上来就调侃得特别厉害。

在生活中，你也可以尝试着运用上述方法。如果你判断对方在幽默上有一定的接受程度，你想在聊天的时候幽默一下，就可以按照由自嘲到吐槽、由轻到重的顺序把握好分寸。

比如，你可以先从轻微的自嘲开始，调侃一下自己的名字、家乡，调节一下气氛。然后开始使用一些相对较轻的吐槽。你可以善意地调侃不在场的第三人，也可以在吐槽了现场的人之后自嘲一下。这些都比你直接去调侃你的聊天对象要有分寸得多。

"分寸"说到底，是划定边界

先前谈到，幽默和沟通都是分寸拿捏的艺术。而且很多时候，那个尺度不是一条固定不动的线，而是不断变动的。你们的关系可能在一次谈话里就能由疏到亲，边界也许就会立刻发生改变，这都需要你去试探。

在与人相处的过程中，如果我们只去关注对方的边界、对方的喜好，这大概只能是一种浅层次的交流，它仅限于社交层面。如果想和对方有更进一步的交流，需要的就不仅仅是我们对对方的关注，还需要丰富而有边界的自我。好的交流，必定是两个独立而有自我的灵魂，在平等的层面上交互而产生的火花。

当然，高质量的火花也要建立在前期沟通得体和有分寸的前提下。

03 沟通有边界，让对方舒服地接收信息

其实你只要记住一句话：说话的分寸，说到底是一个边界的问题。如果你能在沟通中尊重对方的边界，同时划定好自己的边界，你就会对什么能说、什么不能说这样的分寸更有把握。

我们在第一章中说过，沟通的个人边界就像是你围绕自己画的一个圆，圆以内是你可以掌控的内部空间，你可以选择是否对外分享，即使拒绝对方，也不会有负罪感；圆以外则是外部世界，在这个外部世界里，你要尊重他人的界限，不去侵犯。

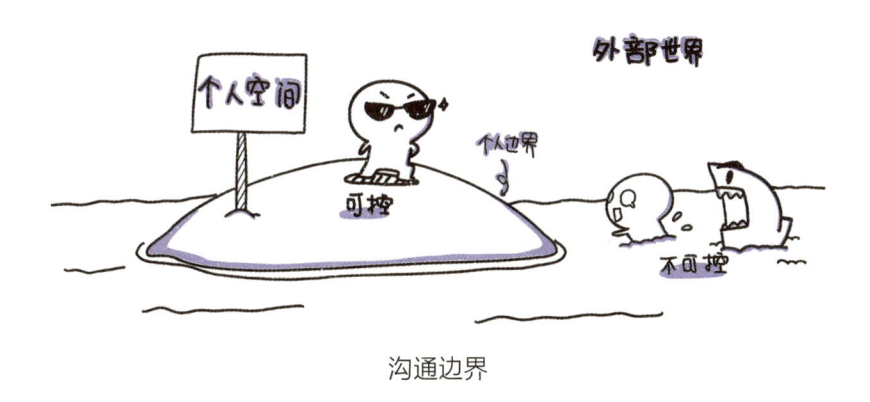

沟通边界

也就是说，健康的沟通边界有两个部分：一是你要对他人的界限有敏感度（外部）；二是你要很清楚自己的界限在哪儿（内部）。一句话就是：尊重他人，更尊重自己。

仔细品味这句话我们会发现，"尊重他人"听起来非常耳熟。从

小我们就被教育,要尊师重教,尊老爱幼,尊重父母,尊重一切。但我们似乎从来没听到谁告诉我们,要尊重自己。我们把太多的焦点放在了别人身上,往往被人轻慢而不自知,或者自知而不能愠。一口闷气吞了下去,这种不平衡的关系继续下去,也许某天就会突然分崩离析。

明确自己的边界,是人和人之间平等沟通的基础。我国的外交原则清楚地写明"互相尊重主权和领土完整",由此才能长治久安。国与国尚且如此,何况个体之间呢?

下面,我们就聊聊如何在沟通中明确自己的界限。

1. 学会说"不",从小事开始自己做主

界限这件事很微妙,它主要是通过说"不"来划定的。

比如,酒桌上有人劝酒。如果对方仅仅是邀请,这是对边界的试探,你有权利选择接受或拒绝。如果你本来不想喝,但不由自主地说,"好,我们一起喝一杯吧",那么在喝酒这件事上,你的边界之门就向对方打开了;如果你说,"实在不好意思,我不喝酒",你就对他设立了明确的界限。在你明确拒绝之后,如果对方还坚持,"哪有不喝的道理""感情深,一口闷",那他就是在试图侵犯你的边界。

想要在人际交往中掌握主动、进退得体,不能光说"是",还得说"不",而且要在你感到不舒服的时候,敢于说"不"。

说"不"并不容易。美国《今日心理学》杂志曾把"不"称为世界上最难说出口的话。很多人都有这样的感受，明明想拒绝，但总是犹豫，因为怕伤害对方，怕可能产生摩擦，怕别人会对自己有负面评价……甚至还会产生负罪感。

当然，我们这里要探讨的不是为什么我们要说"不"，为什么我们又无法说"不"，而是在探讨我们应该如何得体地说"不"，一步一步建立起自己健康的沟通边界。

首先，要明确一点，你不用要求自己一下就能清晰地划定好自己的界限，这是不可能的。你不可能立刻就能向催婚的爸妈说"不"，向借钱的朋友说"不"，向无休止要求你加班的领导说"不"，这都太难了。你可以先从一些生活中的小事做起，从提一个简单的需求开始。

很多时候，不敢拒绝，可能是出于两个原因：一是你不确定，这样莽撞说"不"的后果会怎样；二是由于长期习惯于迁就、说"随便"，你都忘记了自己真正的需求是什么，索性继续"随便"下去吧。

对于第一个原因，我们可以尝试从最安全的小事着手。比如点菜，即便你说了"不"，按照自己的想法点，也没什么人会受到伤害。

大家应该都习惯于这样的场景：一群人落座，说："吃什么啊？"所有人都说："随便随便！你来点！"因为我们都不太习惯于自己做主，而只是喜欢在上菜之后发表评论,比如,"这家餐厅其实那个×××才是最好吃的"。

所以,要建立自己的主张,你可以从点一个你爱吃的菜开始。同学、朋友聚餐,如果你是那个习惯于说"都可以",或者即使点菜也会考虑很多别人喜好的人,你就可以告诉自己,"今天我一定要点一道自己想吃的,即使别人不是那么喜欢",比如猪脑花。哪怕你预想到会有人评价"怎么点这道菜呀,好奇怪啊""这么普通""我可吃不惯",你也要试着坚定地说出来。因为这就是在锻炼你对自己需求的认可,以及对外界评价的承受力。

你同时还会发现,我们往往会在心里夸大别人对自己的评价,给自己压力;而且当你说出自己的需求之后,你会获得愉悦感。(因为即使是最差的情况,别人笑话几句,你吃到猪脑花的时候也会觉得好吃!)

当你尝试过几次,感受到愉悦感的奖赏时,你的潜意识会受到鼓励,下一次你会更有能力(注意这里,是能力,而不是单纯的勇气)去建立一些更大的主张,做一些更大的、属于你自己的决定。

你会发现你的需求是有价值的,同时,前面所说的不敢拒绝的第二个原因也会有解决方案:慢慢你就会越来越清楚地知道,自己喜欢什么、不喜欢什么,自己的需求和界限在哪里。

2. 如何有效地说"不"

有效说"不"的核心是：要明确，不要给人含糊的理由。

对于不善于拒绝的人来说，拒绝一定要明确，尤其不要给对方含糊的理由，或者让对方有突破口。

很多人会说："我不是不拒绝，是很难拒绝。"比如同事、朋友请你帮忙，虽然你没时间、没精力，但总觉得应该帮一下。我大胆猜测，你在拒绝的时候，是不是喜欢用这样的句式，"不好意思，我可能不太方便……因为……"，或者"不好意思，我可能不太方便……不过……"

只要这样的句式一出来，即一旦你给出的理由是有突破口的，基本就很难拒绝了。

比如，有个朋友对你说："你英文那么好，能不能帮忙翻译一下这份文件？很快的。"如果你说："不好意思，我可能不太方便，因为我最近比较忙，空余时间很少。"对方可能就会针对"空余时间很少"开始讨论，对你说："不急不急，你下下周给我就好。"或者"这份文件很快的，可能晚上就占用你一个小时。"

你要做的是明确拒绝，比如，"不好意思，我可能不太方便"。但在后面要留一个"台阶"："不过你遇到问题可以问我"。事实上，如果这位朋友愿意自己翻译，遇到问题问你的话，他大概率也不会直接丢给你翻译。所以上面这个"台阶"就是一句客套话，基本不会实现，而大家反而都有了友好的台阶。

这里的"台阶"相当重要。大部分人会把"事"和"人"混为一谈。"你不帮我做这件事"直接代表了"你否定了我这个人"。因此,很多看起来不值一提的小事,如果遭到拒绝,就会极大地破坏关系。给一个"台阶",相当于告诉对方:虽然我不能帮你做这件事,但我还是关心你的,只是需要通过我能接受的其他方式来实现。

此外,在拒绝别人时,除了话术技巧,更重要的是你对对方说话时的态度和语气。有五个字要牢牢记住:温和而坚定。态度要柔和而真诚,不带评判,让对方感受到你的同理心,同时不留余地。

用"冒犯"增强魅力，让亲密关系时时保鲜

我们已经知道，想要和他人建立健康的沟通关系，进退得体，就要界定好沟通边界。一方面，你要对他人的界限有敏感度；另一方面，你要很清楚自己的界限在哪儿。

具体到生活中，面对不同亲疏远近的关系还有一些不同。比如亲密关系、家庭关系、职场关系、朋友之间、正式场合，沟通的界限自然不同。我虽然不是人际关系专家，但是从一个以幽默和沟通为职业的思考者的角度，有一些心得与你分享。

先从亲密关系开始。

谢赫拉莎德效应：首先要愉悦

再美好的婚姻都逃不过鸡毛蒜皮、柴米油盐、家长里短。

我们都知道，热恋可以靠激情，但如果是更长期的亲密关系，就要靠经营了。那么该如何经营呢？我先说一个故事。

从前有位国王，因为王后行为不端，非常生气，他杀了王后。之后他出于报复，每天他都会迎娶一位少女，第二天早上就杀掉她，然后再娶。这样持续了三年。宰相的女儿谢赫拉莎德（Scheherazade）希望拯救之后可能遇害的无数女子，于是决定嫁给国王。新婚的第一天晚上，她给国王讲了一个故事，只有开头和中间，没有结尾。

故事吸引了国王，于是第二天谢赫拉莎德没有死，给国王讲了第二个故事，还是没有结尾。就这样，谢赫拉莎德讲了一千零一个故事，一个比一个精彩，最后终于感化了国王，他们幸福地生活在了一起。

没错，这就是《一千零一夜》的故事。但是通过这个故事，我要说的不是讲故事不要有结尾，而是要说长期亲密关系的沟通之道。

进化心理学家杰弗里·米勒（Jeoffrey Miller），在他的著作《配偶思维》(*The Mating Mind*) 里，用《一千零一夜》故事中女主人公的名字命名了"谢赫拉莎德效应"。它说的是，在维持长期的亲密关系上，需要人们投入时间和精力去做更多有愉悦感的事。就像女主人公每天晚上都会给国王讲一个精彩的故事一样，这意味着国王每天都从故事里获得了持续的乐趣。

03 沟通有边界,让对方舒服地接收信息

在此基础上,人类学家罗宾·邓巴[①]教授进一步对这一观点进行了完善。他在《最好的亲密关系》一书中指出,欢笑和幽默是非常重要的指标,因为它不但能在亲密关系中增添愉悦感,还能在遇到冲突时起到关键的润滑作用。

有研究发现,伴侣之间一起发笑的次数越多,能感受到的和伴侣的契合度就越高,得到心理上的支持也越多。心理学家马克·阿尔法诺(Mark Alfano)说,这是因为一次成功的幽默包含了三个要素:一是笑话的生产者,也就是说笑话的人;二是笑话的消费者,也就是能听懂笑话的人;三是幽默的素材,也就是调侃的对象。

这三者缺一不可。从表面上看,好像只是伴侣间说了个笑话,一起笑得很开心。实际上,笑话的背后同时满足了对亲密关系特别有利的三个条件:一是对方很有意思,二是你觉得对方有意思,愿意接纳他,三是对方对你也有意思,愿意逗笑你。

由此可见,如果你和伴侣能经常开开玩笑,不但说明你们的关系充满欢乐,还说明你们互相包容和接纳,愿意互相示好。

开玩笑的人在说:"我很在乎你的感受,我愿意逗笑你。"而被逗

[①] 罗宾·邓巴(Robin Dunbar),英国牛津大学教授,人类学家。20世纪90年代他提出了"邓巴数",该理论又叫150定律(rule of 150)。这个定律说的是,根据猿猴的智力与社交网络推断,人类的智力允许人类拥有稳定社交网络的人数是148人,四舍五入是150人。这个定律后来成为很多人力资源管理理论的基础,即人的社交人数上限为150人,深入交往人数为20人左右。

笑的人在表达："我也在乎你的感受，愿意接受你、欣赏你。"

你想想，伴侣间的争执和唠叨有多少是因为日常琐事，"你怎么又买那么多衣服""你的臭袜子怎么又乱扔""你钱挣得不够多""家里的事你都不管"……还有因婆婆、小姑、岳母岳父而起的争执，真是家家有本难念的经。

如果在这些争执和唠叨中，你们能互相开个玩笑，用幽默表达"我在乎你"，用笑表达"我接受你的在乎，我支持你"，很多冲突就能大事化小、小事化了。这就是邓巴教授说的，幽默在亲密关系中起到关键的润滑作用。

那么，你和爱人的日常沟通中，具体可以怎样用好幽默呢？我跟你分享三点。

亲密关系中的幽默

1. 情趣，是敢于适度"冒犯"

亲密关系中的沟通边界非常微妙。既要给对方足够的空间，保持舒服的界限，不能因为你俩关系近就随意侵犯；又不能过于客气、相敬如宾，离得太远也就没有了亲近感。

你需要适时"冒犯"对方，假性攻击一下。开玩笑就是这样的假性攻击。

对于这一点，可能男性还比较大胆，乐于开玩笑；对于很多女性来说，可能需要放下心理包袱，"冒犯"一下对方，"逗"一下他。

因为在很大一部分女性看来，开玩笑总显得不够正经。我的一位女性朋友就是一个典型例子。她时刻保持完美的形象，为人处世周到，但总是跟我抱怨："为什么我尽力把家里家外都安排得妥妥帖帖，老公还是感觉不开心呢？问他我有哪里不好，他说哪里都很好。"

问题就出在哪里都太好了。要知道，我们平时只和陌生人客客气气。家是放松的地方，如果伴侣之间还要保持完美、一本正经，只会增加距离感。

你和爱人都需要暴露一些缺点，敢于用"冒犯"打破距离，因为这是在增进感情。

比如对方睡觉经常打呼噜，你就可以在合适的时候调侃他：

——哇，这个打雷的声音也太大了。
——还好吧，跟你打呼噜的声音差不多大。

在哈哈大笑的同时，你在他心里的形象也变得可爱了。

再比如，如果男生只会夸女生"老婆你好美""老婆你好可爱""老婆你好贤惠"，未免显得虚假而乏味。你可以偶尔这样告诉对方：

——你知道我最爱你什么吗？
——什么？
——最爱你的小粗腿。

两个人可能会因此打闹一番，但其实，女生内心会放松下来：我的缺点他已经都看到了，还表达了爱，那干脆就这样吧。真实和放松会促成亲密关系的发展。

不要害怕这样的假性攻击会起冲突，因为假性攻击不是真正的攻击。只要你是在表达亲昵，而不是恶意地刺痛对方，攻击对方真正的痛点，你们的关系就没有那么脆弱。你甚至还可以借着这样的调侃和"冒犯"，用幽默的方式向对方表达你真实的想法和情绪。记住，这里的"冒犯"是假性攻击，不是真正的攻击，一定不要调侃对方难以接受的地方，比如吐槽丈夫不赚钱。

我们常说，有的男性不浪漫是没有情趣，其实无论对于男性还是女性，如果过于严肃拘谨，都是一种不够有情趣的表现。放松下来，卸下心理负担，开开玩笑，吐吐槽，你们的关系会更甜蜜。

2. 找到你们之间的专属玩笑

如果你和伴侣能有一些只有你们自己知道的"内部梗"，会大大提升你们的亲密度。所谓内部梗就是说，有些玩笑只有你们俩能听得懂，会哈哈大笑，外人听来可能会觉得很傻、很无聊。甚至外人听来越傻、越无聊，你们自己笑得越开心，这越说明你俩有默契。因为这样的玩笑，表达的是你们之间的专属感和接受度。

我们之前说了伴侣之间的玩笑满足了对亲密关系特别有利的三个条件，即对方很有意思，你愿意接纳对方，认为他有意思，对方对你也有意思，愿意逗笑你。这里面，其实对方是不是真的有意思并不重要，重要的是后面两点，也就是你们互相之间的认可和接纳，而让你俩会傻笑的"内部梗"就是认可和接纳的最好体现。

不仅恋爱过程中需要开开玩笑，其实，越是长期的亲密关系越是需要这样的情趣。比如，我们熟悉的文坛伉俪钱锺书和杨绛先生，他们在相处中据说就有很多自己的"内部梗"。

> 钱锺书是才子，但是自理能力很差，用杨绛的话说："不会打蝴蝶结，分不清左右脚。"60多岁的时候，钱锺书第一次学会划火柴，特别骄傲，杨绛就和他一起开怀大笑。对钱锺书和杨绛来说，这种傻傻的乐趣就是他们二人独有的趣味，还被杨绛写进了书里。

所以，你和伴侣也可以发掘一些只有你俩才会哈哈大笑的专属玩笑。它可以是你们某个人的口头禅、别人不知道的习惯性动作、你俩一提就会大笑的共同经历等，就像钱锺书 60 多岁学会划火柴一样。相信在这样的互动中，你们也会越来越有默契。

3. 说点"土味情话"

如果专属玩笑一时比较难找，我给你一个方法，你们可以先从说点"土味情话"开始。

这也是外人看来有点傻，但是能大大增进你俩亲密度和情趣的小技巧。最重要的是，它非常简单，如果你和伴侣间最近有些隔阂，土味情话是最容易打破你俩之间拘谨的敲门砖。而且很可能，在你们被逗得哈哈大笑的时候，这句土味情话就变成了只有你俩知道的"内部梗"。

举个例子，生活里经常会有一些小抱怨，比如妻子抱怨丈夫不陪自己，又去喝酒，于是说："你怎么又去喝酒了？"这时候土味情话就可以上场了，丈夫可以这样说："今晚喝的酒都不太行，因为我喝过最好的酒，就是跟你的长长久久。"又比如，"你能不能闭嘴？""我没有说话啊。""那我的脑袋里为什么全是你的声音？"

类似的土味情话还有很多，你和伴侣可以在生活中慢慢发掘。当然，最好是你俩自创的土味情话，会让你们更有默契，也更有乐趣。

发生矛盾，用幽默化解

亲密关系中难免有摩擦，幽默就是最好的润滑剂。

当然，如果两个人遇到的是比较大的矛盾，或者急需解决的问题，那一定要坐下来好好沟通，不能回避。曾经有人问我："如果男朋友出轨了，我该怎么用幽默的方式跟他沟通？"拜托，这个时候还想着用幽默的方式沟通，那你真的太幽默了。

但如果是非原则性的问题，一方在气头上，另一方就可以用幽默把对方的怒气化解掉，这样很多小矛盾就不会升级了。

事实上，我们生活中大多数的争吵都是一些鸡毛蒜皮、柴米油盐、非原则性的事儿。比如，"今天你又没接孩子""厨房的碗又没有洗""菜买多了，又坏了"，等等。

你一定听到过这样的对话：

——今天的菜有点咸。

——咸？不好吃别吃！

——唉，你这个人怎么这样，我又没说什么……

好了，吵起来了。

而且这样的争吵往往会从鸡毛蒜皮的小事不断升级，最后变成原则性的大事。比如，"今天你又没接孩子"，最后就会变成孩子的教育该谁管，教育理念怎么样，是不是有人对家庭、对孩子不够上心，等等。甚至吵到最后早都忘了，一开始是因为没有及时接孩子，让孩子多等了半个小时。

所以，最好的做法就是在小争吵还没有恶化的时候，就用幽默的方式把它化解掉。

1. 转移矛盾：不接招儿，不拱火

我特别推荐转移矛盾这个幽默技巧，也就是把你们正在争吵的主要矛盾转移掉，不接招儿。因为争吵总是双向的，只要有一方不接招儿、不拱火，另一方又被逗乐了，就肯定吵不起来，一些小矛盾也就没有了。

转移矛盾的技巧，我在"转移矛盾：巧妙回应尖锐问题"那一节有详细的介绍。这里针对亲密关系的场景，我给你的特别建议是，你可以赞美对方的外貌、神态，用这个把当前的争吵化解掉。

这招几乎屡试不爽。比如，夫妻俩吵架了，假如是女方生气了，不管因为什么生气，男方都可以稍稍夸张一点地说："你一生气，还挺显年轻的。"这句话说完，一般女方就乐了，原先紧张的气氛也就好了。假如是男方生气了，女方可以夸他的外貌："你这一瞪，眼睛比彭于晏的还大！"说话的时候可以夸张一点，效果会更好。

注意，这时候就不要再用吐槽的方式转移矛盾，也不要把话题转移到任何其他你们可能继续争论的问题上，因为它们都可能引起新的战火。

赞美对方是最好的选择。

我们说过，伴侣之间的玩笑背后的信息其实是互相接纳和认可。在争吵的时候，你把赞美包装成幽默的方式说出来，能更直接地传达你的善意，这对双方都是一个很好的台阶。

2. 争吵过后，记得用幽默示好

如果当时大家都在气头上，还是吵起来了，争吵过后，你要记得还可以用幽默的方式来和好。

很多伴侣争吵之后陷入冷战，是因为没有人愿意先示弱，有时候一方示弱了，另一方心里的劲儿还没过去。这背后的理由可以说很久，但是不管怎么样，冷战并不能缓和关系，只会让矛盾越拖越大。

所以，如果直接和好让你觉得没有面子，或者对方也觉得生硬的和好不太容易接受，你可以试试用幽默的方式。

比如，你可以随便讲一个无关的笑话，不好笑也没关系。这时候的重点不在于你有多幽默，而是通过这样的方式表达你的善意；同时也给对方一个台阶，通过被逗笑来接纳你的善意。

即便对方说你"不好笑"，他（她）也完全能感受到你的用心和善意。

如果你一时不知道讲什么笑话，也可以使用我们前面说的——夸对方。我记得小时候看过一部很火的台湾偶像剧《流星花园》，里面的女主角杉菜把男主角道明寺惹生气了，她哄对方开心的那一幕我记

说笑——有效有范儿的表达技巧

忆犹新：

  道明寺一直吊着脸不说话，杉菜说："你笑一个，笑一个嘛。"道明寺说："我不笑。"杉菜坚持不懈地说："你笑一个，笑一个。"道明寺就笑了那么一下下。
  杉菜非常兴奋地说："哇！你笑起来好帅！"

  那一瞬间，我觉得这也太有情趣了吧！谁说伴侣之间，女性一定要等着男性来哄，当时在我眼里，杉菜简直太有魅力了。她说完，道明寺一下子就真的笑得很开心。
  其实在亲密关系中，很多时候没有绝对的谁对谁错。清官难断家务事，家从来不是讲道理的地方，而是讲包容和接纳的地方。
  如果能有一个包容和幽默的心态，能把很多事看成小事，不纠结在争吵上，自然就多了很多欢笑。
  最后，我想给女性朋友分享一句话，我也经常用这句话自勉，"不要把无知当可爱，不要把攻击当犀利，不要把凌驾当魅力"。对待你最亲密的伴侣尤其是这样。我们对待最亲密的爱人，因为双方的关系更亲近、更安全，有时候反而更容易表现出无知、刺伤和无意的不尊重。
  比如有些大大咧咧的女生，觉得有些涉及对方的事儿不是问题，自己这样还挺可爱。又比如，真的攻击到对方在意的痛点，像"你看看你这工作，这么累挣得还少，不如回家种地好"。要知道，有些事情不好调侃，调侃起来也并不幽默。再比如，有的女性比较强势，这本身没什么问题，但如果在亲密关系中习惯了用撒娇来控制、指挥伴侣，即使是开玩笑，也并不会增添你的魅力。

我很难在这里给你画一条线、立一个标准，因为亲密关系中的分寸和尺度是你们两个人在长期的磨合、互动中形成的。但是，我希望你可以有一个意识，亲密关系虽然不需要过于小心翼翼，有一点"冒犯"会更有情趣，但是也不能肆无忌惮。

越是长期的感情，越需要精心地呵护和经营。在我看来，富有魅力的女性是智慧、豁达和柔软的。我希望能成为这样的女性，也与你共勉。

拒绝误解，建立良好的家庭沟通模式

我有个朋友，是名牌大学毕业的高才生，人到中年，事业有成，是业界非常有名的律师，口才好得不得了。但他就是搞不定自己的爸妈。尤其 2020 年回家过春节，新冠疫情暴发，一家子困在一个屋檐下，从要不要戴口罩开始，沟通难题一个接着一个。

这不是他一家的问题，很多人都有类似的体会。家人之间的沟通，好像比职场、亲密关系之间的沟通更难。

最复杂的沟通关系

没有一种关系像家庭关系这样复杂。

一方面有着不可改变的既定身份，比如父母、子女、兄弟姐妹等，完全不会因为你们的价值观迥异而有丝毫变化。并且，这种既定身份会形成固定的沟通模式，以及对所有成员根深蒂固的影响。比如，父母是权威的，子女是乖巧的。

另一方面，随着家庭成员中年幼者的成熟、年长者的老去，互相

03 沟通有边界，让对方舒服地接收信息

之间的关系地位又在发生变化。并且，随着关系地位的变化，家庭成员的需求和自我边界也在发生变化。比如，我的那位律师朋友，他在社会上已经成为中流砥柱，那么他在家里的需求与边界和30年前家中的那个孩子，一定是不一样的。再加上家庭本身并不会自动发展成适合所有成员的形态，反而受传统因素、社会压力的影响更大。这些最终都会反映到你和家人的相处和日常沟通中。

罗永浩在一次演讲中，就讲到他小时候跟哥哥的沟通方式主要是靠"暴力"，当然是哥哥打他。他是这么说的：

> 像我和我哥哥十多年的成长，我现在回顾起来，一路的刀光剑影，没有一天休息过。确切地讲是他打我。
>
> 为什么我打不过他？不是无能。差了足足4岁，小孩子打架比什么？比发育嘛。4岁，比我高出一个半脑袋，往下咣咣猛砸，你怎么和他打？只能任人宰割。
>
> 打了十多年，有一天他跳起来打我的脑袋……（我哥后来比我矮了）我一愣，怎么打个脑袋还得跳起来？这时候我也意识到，啊！已经不用怕了（习惯了，你知道吗？）然后我就冲他狞笑了一下……从此，他再也不打我了。

这个段子足够直白，说的是兄弟俩打架，但背后恰恰是从不可改

变的身份、固有的沟通模式、成长后的关系地位变化到最终沟通方式的变化。

我们每个人和父母之间、和兄弟姐妹之间、和子女之间，也都在上演着这样的路径。有的磨合出了让人舒服的沟通模式，有的长期经历着"阵痛"。你的性格、你的家庭氛围、你在家庭中的位置、你的经济状况等都会影响到你和家人、家人和你的沟通状态。

家庭沟通的三要素

既然这件事没有标准答案，我们可以怎么做呢？

首先，你了解了以上复杂的原因、磨合的路径，解药就有了一半。再遇到类似的问题，你就能知道背后的历史原因和所处的磨合阶段，心里不慌，才能对症下药。

其次，没有任何家庭是完美的，你不用有太大压力。电视剧《都挺好》播出以后，收视率节节攀升，万千的家庭才意识到，哦，原来不只我们家这样啊。你的家庭不需要满足任何想象中的或者外界美好家庭的期望，你和家人共同努力的目标是让身处其中的你们觉得"足够好"。

这里的"足够好"指的是，你认为目前家庭沟通中有什么不够好，可以如何解决。如果能解决，再继续往前走。在这个过程中，有三点在家庭沟通中格外重要。

03 沟通有边界，让对方舒服地接收信息

①边界是前提　②理解是核心　③幽默是化解之法

家庭沟通技巧

1. 边界是前提

我们说过，建立好沟通边界，明确自己的安全范围，能帮助你和他人明晰问题，保持健康的沟通状态。

这一点在和家人的沟通中尤其重要。一方面是因为家人间更亲密，容易不重视边界；另一方面，不重视边界，导致家庭沟通最大的问题就是容易有情绪。

比如，"我还不是为了你好！""你有完没完？""你为什么总是……"这样情绪化的表达，我们都很熟悉，它们只会让事情更糟。

而如果家庭成员在沟通中都能够尊重边界，就等于直接引入了理性思维，时刻提醒自己应该控制言行。你想，每个人都能划分清楚哪些问题是自己的，哪些问题是别人的；哪些事是自己能掌控的，哪些事是不该干涉的；哪些情绪是要自己消化的，哪些情绪是不该被影响的……即使不能解决所有冲突，也为后续的有效沟通提供了基础。

比如，对于父母的很多干涉，我们可以用前面的方法告诉他们：

"爸爸妈妈,这是我自己的事情,请你们让我自己处理,好吗?"记得,这时的语气一定是温和而坚定的。

2. 理解是核心

我的朋友跟我说过这样一件事:

> 他儿子总爱跟小区里的孩子在路边玩,因为不时有来往的车辆,朋友很担心,于是他禁止儿子去路边疯跑。儿子一向听话,可是在这件事上,儿子每次说了"好"之后,就又和小伙伴在路边玩得不亦乐乎。
>
> 朋友忍不住痛打了儿子一顿,儿子终于委屈地大哭了一场,边哭还边说:"我没有去路边,我们都在很宽敞的路上,什么是路边?"
>
> 朋友这才恍然大悟,原来儿子并不明白自己说的"路边"是什么意思。

很多时候,我们和家人争吵,甚至爆发矛盾,并不是谁有坏的动机,而是因为我们误解了对方。并且这种误解,我们往往还不自知。

面对外人,我们在沟通的时候会注意到大家有不同的性格、背景、经历,因此对同一件事,大家可能会有不同的理解。但是面对家人,我们反而没有了这样的心理预设。我们总以为,生活在一起这么久了,我们看到的、听到的都是一致的。但事实上，你和你的孩子、你的父母、你的兄妹之间的性格、经历、认知，也同样有很多的差别。

有多少人遇到过这样的情景：房间温度 24℃，可能你觉得热，跑去开了窗，而你的母亲却觉得冷，边说"谁开的窗"，边关上窗子让你加衣服。

如果我们不能考虑到家人和你之间也会有误解，就更容易产生误解；不能放下你认为客观的视角，就很难建立好的沟通。相反，先试着理解对方，90% 的问题都能得到解决。

3. 幽默是化解之法

有了沟通边界，有了互相理解之后，幽默是能让你的家庭沟通变得愉悦的好方法。这一点的原理和亲密关系是一致的。

我想着重跟你分享的是，如果遇到家人干涉你的个人边界，不用直接冲撞。我们介绍过这么多幽默的技巧，你大可以转移话题，用幽默来应付批评，气氛缓和之后如果有需要，再好好聊聊。

如果你还没有足够强大到能够心平气和或者用幽默的方式跟对方对话，你也可以先保持沉默。沉默也会很有力量，而且沉默的力量远大于争吵。

调节氛围，让团队配合更默契

对于现代人来说，占用我们时间最多的一定是工作。除了本来的工作内容以外，职场中的人际关系也会带给我们很多额外的压力。在职场中，你一定不喜欢天天板着脸、苛刻的上司，你也一定羡慕过情商高，在领导、同事中都很受欢迎，会沟通的同事。

有人做过研究，一个人在职场上能得到怎样的晋升和发展，除了业务能力之外，很大程度上还取决于上司、同事的赏识程度。这里面当然就有对个人的喜恶，有幽默感的人更讨人喜欢，更会说话，也就更有优势。

那么，职场上的沟通要注意什么呢？

如果你是一位领导或者团队负责人、私营公司老板，我们会一起探讨，怎样用幽默的沟通技巧增强团队凝聚力，拉近你和员工之间的距离；如果你正处在事业上升期，上面还有领导，我们也会聊聊怎样用幽默建立积极自信的形象，帮领导化解尴尬。

Joker 才是团队里最会沟通的人

在此之前，我们先来看看几种团队：

第一种团队：气氛很严肃，大家工作起来都不说话，严谨认真，但工作氛围压抑，生怕犯错。

第二种团队：大家都客客气气的，即使外出团建，也是相敬如宾，互相夹菜。团队很和气，但就是不自在。

第三种团队：成员之间能嘻嘻哈哈地开玩笑，看似松散，但是配合默契，气氛很融洽。

如果你是员工，大概率会喜欢最后一种团队。那如果你是领导，你希望你的团队是什么样的呢？

曾经有一些企业认为，越严谨的人越有责任感，想要高效工作，办公室就应该禁止说笑。也就是说，他们倾向于选择第一种团队。但事实上并不是这样的，一个过于沉闷的团队其实反映了两个问题：一是这个团队里有绝对的权威，其他人多是服从；二是大家心里会有各自的想法，但是沟通不畅。

这样的紧张气氛，加上上通下达的机制不通畅，可能导致的结果就是那句老话，"老板总是最后一个知道公司要破产的人"。因为老板说什么就是什么，时间长了，即使一线员工明知有各种问题，也没人愿意说了。

其实，想要避免这种情况产生，最有效的方式就是让团队内部的气氛轻松起来。因为，幽默只有在轻松的氛围里才会产生，严肃沉闷的团队是不会有幽默感的。而气氛轻松了，领导和团队之间，还有团队成员之间的隔阂和对立感就减少了，没有了压力，自然就更能表达真实的想法了。这就是一个好团队需要的幽默感。

事实上，幽默一直以来就是团队里的一种发声渠道。为什么呢？我们都打过扑克牌，扑克里的J、Q、K分别代表西方宫廷里的骑士（Jack）、皇后（Queen）和国王（King）。但是这个国王也就是K并不是最大的，最大的是大怪和小怪（有的地方也叫大猫和小猫）。

你仔细去看扑克牌中的这两个角色，上面写的英文是Joker，意思就是开玩笑的人。

扑克牌中的大怪和小怪

03 沟通有边界,让对方舒服地接收信息

其实Joker是西方宫廷里一个特殊的职务,他叫弄臣。他的任务看上去是逗国王开心、讲笑话,但实际上他是一个进谏者,最重要的任务是把建议以幽默的方式讲给国王听,国王就好接受了。

也就是说,Joker才是宫廷里那个负责上通下达、最会沟通的关键人物。因此,在扑克牌里,Joker才是那个最大的王者。

类似的角色在我国古代也有,我们把他们叫优伶,他们就是通过乐舞谐戏的方式向君王进谏。司马迁在《史记》里就记载了一位叫优孟的伶人向楚庄王进谏的故事。

楚庄王有一匹好马,他特别爱惜这个宝贝,给它穿绫罗绸缎,给它吃蜜饯枣,结果马胖得不得了,生病死了。楚庄王非常伤心,要用大夫的礼仪来安葬这匹马,而且说谁也不许劝,劝就是死罪。

你看,这是不是有点过了,但是大家都不敢作声。

这时候优孟来了,他说:"用大夫的礼仪来葬马,这怎么行,这礼也太薄了,应该用国君的礼仪来安葬这匹马啊。马的棺材要玉雕的,出殡的时候,前前后后安排上各国的使臣当护卫,还应该给马建寺庙,用牛、羊、猪祭祀,让大家都来供奉。"

看,优孟用的就是我们介绍过的夸张归谬法的幽默技巧,通

过夸张，让楚庄王看到这样安葬一匹马是多么荒谬。

果然楚庄王不好意思了，说"原来我这么荒唐啊"，赶紧把马按正常牲畜死亡的处置方法"安葬"了——送去了厨子那里。

无论是东方还是西方，古代的君王都如此注重团队里的沟通机制，专门安排一个用幽默来进谏的职位。那么，在你的公司或者团队里，有没有这样一个敢于提出自己想法，同时表达又很友善，让人乐于接受的角色呢？你是不是能成为这样重要的角色呢？

你可以把答案放在心里。

接下来我们来聊聊，如果你是一位管理者（不论大小），可以怎样带头释放幽默，让团队里有这样的角色，也让你成为受信赖的上级；如果你是一位员工，怎样用好幽默，让领导看到你的才能，又让周围人喜欢。

管理者：释放幽默，让团队更有凝聚力

关于幽默的沟通建议，管理者应该做到以下三点：

1. 主动释放幽默，敢于不太把自己当回事

一个团队的管理者，很大程度上决定了这个团队的氛围。如果管理者特别严肃，成员多半会噤若寒蝉。所以，要调整团队的氛围，最

好的方式是从领导做起。

作为领导,你可以有意无意地释放一些轻松、幽默的信息。比如,有时候团队成员抱怨,"项目也太难了,还是当领导爽,也不用干活"。这个时候你就可以自嘲一下,"对啊,所以你们要努力当上领导,指挥我干活啊"。把自己的位置放低,实际上也是在激励员工努力工作。

这中间最重要的,是你要敢于别把自己太当回事。因为只有你接受自己不是绝对的权威,你也会有弱点、有麻烦,才能开得了玩笑、幽默得起来。

你不用担心暴露自己的缺点会不会有损领导的形象。我们说过,百分之百完美的人是不可爱的,反而会让人觉得假。如果一个身居高位的人能够适当自嘲,承认一些无关紧要的小缺点,会让人觉得你很真实、很强大。

有朋友说,我不是那么擅长幽默怎么办?不用担心,首先,作为团队的管理者,你不用刻意逗笑别人。因为你是领导,你调侃一下的时候,大家都会很捧场。

大家应该都有过这种经历,领导在发言的时候,所有人都聚精会神地听,此时领导但凡讲一个笑话,即便不怎么好笑,大家也会非常开心地笑出声。因为此时,作为领导最重要的是你表明了一种态度:我愿意逗你们笑,我是易于接近的。员工当然也会趁这个机会表明对你的欢迎和鼓励。

其次，你的重点是展现出对幽默的开放态度，哪怕不好笑也没关系。大家发现你愿意说笑，甚至能接受调侃，就已经对团队氛围有很大帮助了，同时，这也会增添你的个人魅力。

比如，我们公司有位领导，人很好，就是有点爱吹牛。有时候我们吐槽他，他听到也就一笑而过，很乐呵，反而让我们觉得这位领导很大气。

事实上，作为领导，你得接受"是管理者就会被吐槽"这件事，而且你要明白，如果大家不当面吐槽你，在背后你可能会被骂得更狠。所以，当你接受这一点之后，你反而会赢得更多的尊重。

2. 多用自嘲，但不要调侃员工，尤其不要调侃犯错的员工

关于多用自嘲，我们前面说过，人际关系中地位高的人适合自嘲。领导自嘲一下，会让团队成员觉得你很亲切、很好相处。

比如，马云就是一位善用自嘲的管理者。马云是文科生，但是他带领的阿里巴巴是国内顶尖的互联网技术公司，他就经常自嘲，"我不懂技术，也不聪明"。他的潜台词是，正因为我不懂技术，所以才需要你们这些技术人才，"我"不过是技术的检测者，是为你们提供服务的。这其实反向激励了员工。

如果作为员工，你就不能这么自嘲了。见到领导，你跟他说："我不懂技术，也不聪明。"那领导就会问："哦，那你是马云的亲戚吗？"

马云还经常调侃自己的长相，说："大家都说我可能是从外星来的，但其实我只是长得像。""我特别有自信，我属于长得不是被普通大众所接受的那种美。"通过自嘲长相，马云就打破了高高在上的形象，和大家拉近了距离。

如果你也是一位团队的负责人，就可以试试看。比如，有位朋友就跟我说，他印象特别深的是他们厂的车间主任。下雨天，顶着瓢泼大雨跟大家一起卸货，淋得满身是水。进屋之后，车间主任擦了擦脸上的雨水说："今晚必须加餐。"然后看看自己继续说："就加一道清炖落汤鸡。"

这话听起来并不怎么好笑，但领导都这么自嘲了，你当然要哈哈大笑。同时你也会真心觉得，能跟着这样的领导工作是件很快乐的事。

那么，关于"不要调侃员工，尤其不要调侃犯错的员工"怎么理解呢？我们来体会一下。

有句话叫"王言如丝，其出如纶"（《礼记·缁衣》），意思是领导随口说的一句话，哪怕领导自己觉得像一根蚕丝那么细小，但是对下面听话的人来说，也可能会变得像绸缎那么宽，产生很大的影响。

所以，如果你作为上级在和下属沟通时，想展现一下自己的风趣，可以自嘲一下，但不要调侃对方。尤其是在对方犯错的情况下，你一句随口的调侃，可能到了对方那里就会被放大很多倍，让人听了很难受。

比如，一位员工交上来的报告不行，比较合适的做法是，直接指出他的报告中有哪些问题，该如何改进。这时候就不要再调侃他，"来，看看，看看，你这个报告里有几个字可以用啊"。

3. 说些团队的"内部梗"

作为领导，如果能够说出一些员工关心、烦恼、有共鸣的话题，适当开开玩笑，会很受欢迎。甚至再进一步，如果这个团队能有自己的内部梗，说明这个团队的关系很融洽，凝聚力很强。

比如公司开动员大会，员工都不想参加，有的领导可能就会开始批评不积极的员工，强调会议的重要性。这样的表达方式，对员工的积极性只会起到反向作用。而这时候，如果你能把员工的烦恼说出来，开个玩笑，比如，"我知道你们都不想来开动员会，其实我也一样。但我还是来了，主要想来骂骂领导"。大家笑了，你再安排任务，可能效果就不一样。

再比如，要安排新的业绩指标，员工可能对一连串的数字提不起兴趣。这时候，你就不能正儿八经地说业绩有多重要，你可以开个玩笑，说："哎呀，你看今年我们要完成一千万的指标，那么现在让我们点一堆10块钱的盒饭，庆祝一下好不好？"这样，员工就会觉得你懂他们。

除了能说出员工真正关心、烦恼的话题，如果想要更进一步，即在团队有你们自己的内部梗，就需要管理者跟员工深度磨合了。

比如我们前面说的，车间主任的"清炖落汤鸡"。在你们团队共同经历过那次雨中奋战，又有了这件趣事之后，这件事就可以成为你们团队一说就懂的内部梗，你甚至还可以让员工把你的外号称为"落汤鸡"。

我这里只是提供一个参考，相信你们团队一定能找到属于自己的更好的内部梗。

作为领导，你要注意，虽然你要理解员工，要能说出员工真正关心的问题，但是如果员工问你在关心什么、烦恼什么的时候，你得考量什么事该说，什么事不该说。因为我们说过，管理者的一句话会被放大很多倍，从而影响到整个团队。

举个例子，一家小型创业公司，刚起步的时候会遇到很多挑战。如果员工问你在考虑什么，你就没必要真的告诉员工你的烦恼，引起不必要的恐慌，比如，"公司账上现在还剩多少钱"。这时候你就可以用上幽默的技巧来应对，比如用夸张的方式。

——领导，你怎么愁眉苦脸的？
——唉，在考虑公司什么时候才能在全球上市。

再比如，用答非所问的方式。

——领导，你是不是有点焦虑啊？
——对，毕竟公司最近的目标是要请吴亦凡当代言人。

这样既帮你回避了不方便回答的问题，又有幽默的效果，让人觉得这位领导有智慧。

员工：把领导当普通人，关键时刻会接话

如果你是一位员工，上面还有领导，那么怎样用好幽默，成为那个既有想法又受欢迎的角色呢？这里同样有三条建议。

1. 把领导当普通人，才能表达自如

很多时候，我们面对领导时太紧张，不知道该说什么，是因为我们太把领导当领导了。当你过于在乎领导的评价，把他当上级、当权威的时候，你在他面前的状态一定是紧绷的。当你处于紧绷的状态时，你的思维一定是僵硬的，这样就算你再风趣、再会说话，也展现不出来，甚至正常的工作汇报也会词不达意。

这一点我深有体会，因为我也曾经一面对领导就紧张，每次找领导签字都战战兢兢，"徐总好，麻烦您签个字，对，要三份。那我先出去，一会儿再进来"。

那时候领导对我没有任何印象,以至他们了解到我出来做脱口秀以后,都万分震惊。

后来在我不断登上更大的舞台,也见过更紧张的新人之后,换一个角度再看,我发现,领导也是普通人。领导并不喜欢跟紧张僵硬的人交流,他也喜欢跟放松、积极的人说话。

所以,想要给领导留下自信、主动、有才干的好印象,首先你要放松下来。把领导当普通人,保持平等的心态,你就不那么紧张了。

事实上,有时候你看领导很严肃、不苟言笑,那是因为他被架在那儿了,可能他自己都不喜欢这种状态。你想,如果大家都把他当领导,保持距离,那他肯定只能端着,和大家保持距离了。

所以,下次再在电梯、食堂、茶水间遇到领导,其实不必刻意绕开他,可以随便聊两句,这其实也是在帮领导缓解尴尬。

当你能够放松地和领导交流,甚至展现幽默的时候,你在领导面前的形象就从消极被动变成了积极主动。这样的你一定能给领导留下深刻的印象,也为日后的工作交流打下良好的基础。

2.关键时刻,用幽默帮领导接话,化解尴尬

如果你观察就会发现,一个团队里情商高的人不是那些只会自我展现的人,而是那些能在言语上照顾他人、帮人解围的人。如果你能用好幽默的技巧,帮领导化解尴尬,那一定会为你大大加分。

我们说过,化解尴尬的核心是说出尴尬。那么,帮领导化解尴尬,

核心就是要帮领导把话说出来。

电视剧《宰相刘罗锅》里有一个经典的片段：

> 乾隆皇帝在园子里以花作诗，念道"一片两片三四片，五片六片七八片"。旁边的大臣们纷纷叫好，乾隆被捧着只好接着说，"九片十片十一片……"其实这时候乾隆已经有点尴尬了，在着急下面到底该接什么。这时候，刘罗锅赶紧帮乾隆接话，"飞入草丛都不见"，一下子就帮皇帝解了围，大家都笑了，称赞这是一首好诗。

现实生活中，当然不需要作诗这么高的难度，但是你要有这个意识。如果能帮领导把话说出来，对方会很感谢你。

那么，具体怎样帮领导接话呢？我在这里教你一个"Yes, because"（是的，因为）的接话小技巧，这个技巧不但能在你遇到尴尬的时候帮你顺利接话，还能用在帮别人接话上。

这个技巧的关键就是当遇到尴尬或者难以回应的问题时，先说Yes（是的），把它接纳下来，再找一个合理化的理由。也就是说，帮领导化解尴尬，你要能先帮他把尴尬说出来，再找一个合理化的理由。

比如，在跟合作伙伴的沟通会议上，领导因为没休息好连连打哈欠，现场十分尴尬。你就可以帮领导把话接过来："哎呀，最近项目太紧了，搞得陈总还得跟我们一起加班。"

这就是先说 Yes，承认领导打哈欠，然后找一个合理化的理由——"最近项目太紧了"。这样就给了领导一个台阶，大家哈哈一笑，领导就着台阶说："是啊，这个会议太重要。"尴尬就此化解了。合作伙伴听了这话，也会感到自己被重视。

3. 注意调侃的分寸，用好自嘲

注意调侃的分寸，这一点不用过多解释了。在和领导的相处中，你要了解他对幽默的接受程度，如果你的领导不喜欢开玩笑，就尽量不要调侃，以免触碰对方的禁忌。

用好自嘲，这招很好用，尤其是在被领导表扬不知道怎么回应，或者在工作场合面对一些不太好回答的问题的时候。如果你能适当自嘲一下外貌、穿着等和专业能力不相关的地方，往往能巧妙地化解尴尬。

比如，客户问你："你们团队今天就你来吗？"这是在质疑你和你们团队的实力。如果你直接回应或认真解释业务能力，可能会引起双方言语上的不愉快。这时你就可以把矛盾转移开，调侃一些别的，比如外貌，"对，我是团队里长得最好看的了，今天我代表公司过来"。

对方一听乐了,气氛缓解了,也就不会再说什么了。

再比如,领导夸你:"工作完成得很出色啊,怎么做到的?"你可能比较腼腆,直接回应会觉得有些尴尬,你也可以把话题转移到调侃自己的外貌上,"人丑就要多工作"。领导一听,这个员工很有意思,不仅好好工作还不邀功。

快速破冰，自如打开局面

我们这个时代，正处在熟人社会向陌生人社会的快速转变中。能够在短时间内和他人建立联系，让他人对你有印象，对你后续的资源拓展、人脉结交都大有好处。下列场景你应该很熟悉：

- 亲朋好友的婚礼上，一桌人互不认识。如果有人能缓解尴尬、让大家聊起来，是不是很让人佩服？
- 公司茶水间，遇到难得一见的副总，你觉得这是让他认识你的好机会。你敢不敢上前介绍自己、闲谈破冰？
- 工作面试，怎样能在很短的时间里让一天见过十几位应聘者的面试官对你留下深刻印象？

那么具体可以怎么做呢？我们来重点介绍两点：一是如何设计一个能让人记住你的自我介绍，给人留下深刻印象；二是如何调节氛围，打开话题，让对方有良好的谈话感受，进一步了解你。做到了这两点，你一定能在工作和社交中获得好人缘和好机会。

自我介绍：让人短时间记住你

自我介绍谁都做过，可是能给人留下印象的并不多。你想想，你从小到大做过或听过多少次自我介绍？这些自我介绍中你让别人一下记住你的有几次，别人让你印象深刻的又有几次？当你听到一个有趣的自我介绍，拘谨的氛围被打破了，大家不仅哈哈一笑，而且一下记住这个人的时候，你的感受是怎样的？

可以说，好笑是在短时间里吸引大家注意力最好的方法。一个幽默的自我介绍能让你在人群中脱颖而出，所以准备一个好的自我介绍性价比极高。在现代社会，自我介绍就是你的免费广告，一次准备，可以无限次使用。

首先，你可以从自己的名字入手。因为名字是自我介绍中最重要的，如果能让对方一下子记住你的名字、你的特点，这个自我介绍就成功了，其他的信息可以通过后续的交流继续了解。所以，你要做的第一件事就是解析你的名字。我给你的方法是：拆字+联想。

"拆字"很好理解，就是把你的名字拆开进行解释。比如，我们经常听到的一种自我介绍，"大家好，我叫王思文。王是三横王，思是思想的思，文是文化的文"。这样的介绍循规蹈矩，很难给人留下印象，如果在面试中使用就会很吃亏，因为面试官可能都记不住你是谁。

所以光这样拆字不行，还得加上"联想"。我们说过，容易让人有印象的一定不是完全陌生的信息，而是"熟悉+意外"，这样才能让人记住。

你的名字对别人来说是陌生信息，用联想的方法，是在帮你找到名字的特点，并且跟大家熟悉的事物联系起来，这样就让人印象深刻了。具体来说，好的联想有以下三个方法。

让人短时间记住你

1. 找谐音

我们都知道，"谐音梗"会让人发笑。比如，给人起绰号经常用谐音，就是这个道理。你给自己的名字找谐音，也能达到幽默、好记的效果。

比如，我刚上大学的时候，在体育课上，老师让大家做自我介绍。我觉得大家都在报自己的名字，相当无聊，也完全无法记住谁是谁。轮到我了，于是我上去说："大家好，我叫王思文。虽然叫斯文，但是他们都说我很粗鲁。"你看,这里就是一个谐音梗,"思文"对"斯文"。

大家哈哈一笑,都记住了,之后我们体育老师每次叫我都是"假斯文"。

记住一个小技巧,当你给自己名字做联想的时候,可以加上你的一个小特点,比如性格、喜好、职业等,都可以。尽量把这个真实的特点和编造的谐音结合起来,因为一旦有特点,就有了记忆点。

再举个例子,我有个朋友叫汤漾州,这三个字写起来复杂,说起来更复杂,但是他的自我介绍我一直记得。他是这样说的:"大家好,我叫汤漾州。名字里都是水,先是喝汤,又是在水里'漾舟'。但是我吧,偏偏最怕水。"他说完,大家一下子就记住了这个怕水,但是名字里都是水的汤漾州。

2. 联系名言诗句

你在设计自我介绍的时候,可以把自己的名字放到名人名言、诗词名句里。因为大家对名言诗句熟悉,你的名字和它们产生了联系就容易记了。

比如,我的先生程璐,他介绍自己的时候就会说:"世上本没有路,走的人多了,便成了路,我叫程璐。"当然,这里面也有一个谐音。

你可能会说程璐这个太巧了,那我再给你举个例子。比如,我一个朋友叫王霞秋,听起来很普通的一个名字,好像很难介绍出花儿来。但是你把"霞秋"两个字拆开,再联系一下诗词名句,就可以说:"我叫王霞秋,名字出自'落霞与孤鹜齐飞,秋水共长天一色',我的名字各取了其中一个字。"

你看,这样的拆字加上联想,是不是让名字一下就有了诗意,让人印象深刻?

3. 联系名人

如果你觉得和你名字相关的诗词名句、名人名言不那么好找,你还可以尝试第三个联想方法——联系名人。

比如,我叫王思文,自我介绍的时候,我可以说:"你好,我的名字叫王思文,王思聪的妹妹。"

这个方法非常好用,因为没有什么门槛,几乎所有人的名字一拆分,都能和名人联系上。如果你觉得自己的名字比较普通,很难找到记忆点,联系名人的方法能为你加分。

你在用这种联想方法的时候,可以加上我们前面说的小技巧,即放上一个你自己的特点。

比如,刘锋这个名字很常见,你就可以说:"我叫刘锋,刘德华的刘,谢霆锋的锋。所以我比他俩加起来还帅。"这个"帅"就是你加进去的能和你产生关系的小特点。如果你也很帅,大家就记住了这个同样很帅的刘锋;如果你长相普通,你说完"所以我比他俩加起来

165

还帅"可以停顿一下，以示自嘲。大家心领神会，哈哈一笑，更容易记住你。

除了拆解自己的名字，你还可以给自己取个能代表你个人特点的花名，也就是外号。特别是在你的名字很难记的情况下，起个有趣的花名，在你介绍完大名之后加上花名，大家一听，既好记又亲切。

比如，我见过一个脱口秀演员，名字很难记，长得也很普通，没什么记忆点，他就给自己起了个有意思的花名叫"严值高"。每次一上台他都这么介绍自己："大家好，我叫严值高。"观众一下子就有了反差感，在笑的同时也就记住他了。

打开话题：随时随地有话聊

说完了自我介绍，那么在接下去的聊天中，如何运用我们介绍过的幽默技巧调节气氛、打开话题呢？我主要介绍两个小技巧。

1. 用自嘲调节气氛

我们在讲说话的分寸时说过，你和别人聊天的时候是一个循序渐进的过程，尤其是在用幽默调节气氛的时候，不要"too soon"，而要由浅入深，从自嘲开始，把握好分寸。

社交破冰的场合也是这样的。你们互相自我介绍、认识之后，如果有些尴尬，想要调节气氛，自嘲是最安全的。因为拿自己开玩笑，

03 沟通有边界，让对方舒服地接收信息

一般不会冒犯到别人。

关于如何自嘲，我们在第二章中有详细的介绍，这里我们来看一个用自嘲调节谈话气氛的经典案例。

中央电视台《开讲啦》节目有一期邀请的嘉宾是姚明。大家都知道主持人撒贝宁个子不高，姚明身高两米多，两人同时站在台上，看到这个对比画面，现场观众都笑而不语，边笑边鼓掌。

这对撒贝宁来说其实挺尴尬的，现场一度没有人说话，姚明站在旁边，观众都看着撒贝宁默默笑。因为这是一个谈话节目，总得说点什么破冰，进入谈话的氛围，否则很难进行下去。

于是，撒贝宁开始自嘲，"好了，不要鼓掌了，在你们的鼓掌当中，我听出了很多幸灾乐祸的成分。我尽量不往姚明那儿看，因为看他也费力。我只跟你讲一个我真实的感受。我之前在心里做了无数的心理准备，但是当他走过来的那一刹那，我这里是黑的，因为他整个像一座山一样移过来。"

观众哄堂大笑，这时候姚明也用自嘲接话："刚才你说，你翻箱倒柜找增高鞋，其实我也想找那种可以变矮一些的鞋子。"

到这里，谈话双方都已经有了初步的交流，不再是之前那样一言

不发的现场了。双方进入了谈话的氛围,撒贝宁顺利地开始了后面的访谈。

很多时候我们在社交聚会、和人聊天的时候感到不舒服、不自在,其实就是大家不熟悉,潜意识里有压力、有戒备,没有进入一个适合谈话的氛围。

这时候如果你有一些经验技巧就知道,调整谈话氛围的核心是让对方放松下来,和你进入同一个聊天频道,而倾听、自嘲很好地和对方拉近距离的方法。

所以,如果你遇到的谈话氛围有些紧张、压迫,或者需要破冰,你也可以尝试一下自嘲。比如,你可以笑着把现场紧张的氛围说出来,再调侃一下。

我也经历过这样的状况。几年前的一天,我刚做完节目,同事邀请我去上海交大的脱口秀俱乐部表演。去了之后我才发现,那个俱乐部的演出场地是一个普通的自习室,开着日光灯,甚至没有麦克风,观众也只是三五个同学。对于脱口秀演员来说,在这样的场地表演是非常尴尬的。当时,我走上"舞台"说:"啊,好紧张,好久没有演过这么大的场子了。"大家顿时开心了起来,那种郑重其事看你表演的氛围自然就消解了。

2. 聊和对方的共同话题

调整谈话氛围的核心是要让对方放松下来，和你进入同一个聊天频道。用自嘲解决了让气氛放松的问题，接下来很重要的就是能和对方有一些共鸣，这样才能更好地进入话题讨论。

这里的共鸣，最简单的就是你能让对方感受到你们有共同话题。这个共同话题不应该仅仅是字面上"你们共同知道的话题"，而最好是对方感兴趣的话题。因为，一个人在聊自己感兴趣、擅长的话题时，感受是最好的。

我们说过，一个人很可能会忘记和你具体聊了什么，但是一定会记住和你聊天的感受。能让对方在和你的聊天中有好的谈话感受，你留给人的印象一定是友好、温暖的。

那么，怎样才能发掘和对方的共同话题呢？其实很简单，你可以从前面的自我介绍入手，了解对方的职业、兴趣、生活、关注的热点等，这些都可以成为你们聊下去的话题。如果你觉得已知的信息不够，又不方便直接问，也可以从对方的装扮、手边的东西入手，自然地发起提问。

比如，在茶水间遇到领导在冲咖啡，你可以从咖啡入手，说："领导，最近是忙项目熬夜了吧？"一个话题自然就开启了。再比如，去客户办公室，发现墙角有一个三脚架，你就可以从三脚架出发，说："这个三脚架很专业,你也喜欢摄影?"接下来你们就能聊聊对方的兴趣爱好。

有朋友可能会说,我经常遇到的情况是,没什么可聊的。比如,一问兴趣爱好,对方说喜欢滑雪,可是我从来就没滑过雪,这接下去该怎么聊呢?

我们在前面说过,共同话题不应该仅仅是字面上"你们共同知道的话题",而最好是对方感兴趣的话题。你问到了他感兴趣的话题"滑雪",这是很好的机会。你只要有好奇心,接着问他一些你不了解,但是他了解的问题就可以了。比如,你说:"哇,滑雪,我从来都没有滑过雪,你觉得滑雪最难的地方是什么啊?"

这个问题一提出来,共同话题就打开了。如果对方侃侃而谈,你都插不上话,不用担心,这简直不能再好了。你只要保持认真地倾听,适时提问(让他感觉到你对他说的话听进去了,并且进行了思考),对方和你的谈话感受就不会差。

如果你在这个过程中还想展现一点幽默,我再给你举个例子,还是主持人撒贝宁在《开讲啦》节目中的例子。

那期的嘉宾是位水下考古学家,职位是国家文物局水下文化遗产保护中心的技术总监。是不是一听头衔就很专业,你大概率不懂对方的专业,这个共同话题感觉很难找。

03 沟通有边界，让对方舒服地接收信息

撒贝宁是怎么做的呢？

嘉宾上台有些紧张，撒贝宁先调侃了一下，"考古学家出场跟其他领域的专家确实不一样，就是永远在找东西"。他模仿了一下考古学家弯腰出场的样子，现场笑了，气氛放松了下来。

接着撒贝宁就问了专家一个问题："一般陆地考古学家喜欢到处寻摸东西，水下考古学家也是这样吗？"

在获得嘉宾肯定的答案之后，撒贝宁接着问："那比如，一说到陆地考古专家，大家会问您最近又挖到了什么？如果是要问水下考古，是不是会问，您最近捞到了什么？"现场观众大笑，嘉宾也笑了起来。

你看，撒贝宁并不懂水下考古，但是他故意把问题问得很浅显，一方面让观众产生了优越感，"怎么问这么简单的问题"，哈哈一笑放松下来；另一方面，其实每个问题都问在嘉宾感兴趣、擅长的话题上了。

于是，在这两个问题之后，嘉宾一下子就有了谈话的抓手，进入了正题，非常自然地开始回答水下考古到底是什么，普通人对水下考古容易有什么误解，等等。

可以说，这就是用幽默的方式找到和对方的共同话题，为谈话打

开了局面。

  当然,这样的应变是有些难度的。我们可以先掌握好发掘共同话题的方法,和对方聊起来。在聊的过程中,你保持倾听,多提问,多让对方展现,就会给人不错的谈话感受。

加点幽默，让公众演讲更精彩

经常有一些企业家请我们脱口秀演员去做培训。在课程培训上，常常有企业家朋友问我："思文，怎样才能让我的演讲变得幽默呢？"我也发现，这些企业家在做演讲的时候，都在努力给自己加"梗"，但80%都没什么效果。

毕竟，公开场合的演讲如果能有一些幽默感，不但能让你的演讲更精彩，更会让人觉得你很有魅力。所以你看，连企业家都格外重视幽默这个元素。

和其他谈话场合相比，演讲中的幽默的特点在于：格外准确，且不需要多。因为公开演讲的场合大多比较严肃，在严肃的氛围中，幽默元素只有用在关键点上，才能彰显出演讲者的得体和风度。

那么，这些有限的幽默放在哪里效果最好呢？答案是，开头和结尾。

因为一次演讲的开头和结尾，最容易影响听众对你的印象，所以如果你能在这两个部分加上合适的幽默元素，会有事半功倍的效果。

说笑——有效有范儿的表达技巧

三个方法，设计幽默的开场白

演讲的前 30 秒决定了整场演讲的命运。因为只有让听众能快速进入听你说话的状态，甚至喜欢上你，他们才有可能认真听你接下来演讲的内容。

那么，一个有幽默感的开场白该如何设计呢？我给你提供三个有效的方法。

1. 提到一位现场的来宾

提到一位现场的来宾，适当调侃，应该说，这个设计是能够抓住现场注意力最直接的方法。因为当你提到一位大家都关注的现场来宾，观众会有强烈的带入感。他们会觉得：哦，他提到一个我身边的人，等同于他提到了我。人人都会想听听你怎样评价他，这时候，你再对他进行轻度的调侃，现场的效果就会更好。

注意，我这里说的是"轻度"的调侃，因为演讲的场合一般都相对公开和正式，你的调侃要比平时和朋友聚会聊天的时候更加重视分寸，不能伤害到别人。同时，我们也说过，一上来不能"too soon"，轻微的调侃比深度的段子要合适得多。

具体怎么做呢？举个例子你就知道了。

姚明在入选美国"篮球名人堂"的颁奖典礼上有一个演讲，非常经典。进入名人堂，是对球员很高的评价，姚明是获得这一荣誉的第一位亚洲人，颁奖典礼上又被安排在第一个发言，他也非常激动。

他上来就说："这样的时刻我想象了很久，但真的站在这里的时候我还是非常激动和紧张……在听说今晚自己会是第一个发言的时候，我想应该是有人弄错了。因为我也觉得应该让艾弗森来，因为我比他更需要多训练。"

当时现场的笑声和掌声一下子就"炸"开了，当然，姚明的这个梗是有背景信息的。

首先，姚明提到的艾弗森当时就在现场，他也是一位非常有名的篮球运动员。这就是我们说的，提到一位现场的重量级来宾，吸引大家的注意力。

能够在名人堂颁奖典礼上第一个发言，代表着将备受瞩目，姚明自嘲了一下，"应该是有人弄错了……应该让艾弗森来"，大家一下子来了兴趣，姚明是认为艾弗森更伟大吗？然后姚明调侃了一下，"因为我比他更需要多训练"，大家就笑了。因为大家都知道，艾弗森当球员的时候从来不训练，大家也都爱调侃他不练球。

这个开场非常巧妙，分寸拿捏得也十分到位。言语间既表达了对对方的尊重，又轻微地调侃了一下，而且这种调侃指向的是大家都知道、无伤大雅的槽点——艾弗森天赋高，不用练球，气氛一下子就活跃了。

学会了这样开场的方法之后，你在正式场合需要讲话的时候也可以试试提到一位现场的人。如果你能够提到你出场前的上一位嘉宾，或者总是出现的主持人，现场的听众就会有更强的带入感。

比如，你最近工作完成得不错，领导安排你在会议上跟大家分享一下经验。你就可以提一下刚刚讲完话的领导，假设刚才讲话的是看起来很显年轻的李总，你可以这样说："我觉得李总刚刚分享得特别好，我觉得您不光需要分享工作经验，还可以分享一下养生秘诀。"

大家笑过之后，你再接着说你重点想讲的，这就比干巴巴地直接分享工作经验更让人乐意听。

2. 说一件大家关心的事

在开场中说一件大家关心的事，加以调侃。关于这一点，我想特别说明的是，对于演讲来说，了解你的听众是谁、关心什么非常重要。因为评判一场演讲是否成功的唯一标准，是有没有向听众成功地传递出你想表达的信息。

只有说出听众关心的信息，才能吸引他们听下去。

比如，你给小学生讲《红楼梦》，就不能把重点放在剖析这本经典著作背后的哲学问题上，因为小学生不关心，也听不懂。

所以，你在演讲之前要多问自己几个问题：现场的听众是谁？讨论的主题是什么？大家会关心哪些问题？

03 沟通有边界，让对方舒服地接收信息

这就叫"找共识"，幽默只有在双方达成共识的基础上才会产生。

我们说过幽默来自意外感，也就是打破预期。要打破预期，首先要有可供打破的基础，也就是大家的共识，或者说共同关心的事。找到共识，打破它，才能制造意外和"笑果"。

所以，如果你能在演讲的开场说一些大家都关心的事，找到大家的共识，再加些笑点，就能起到很好的效果。如果你想搞笑，又把握不好调侃别人的分寸，那么用自嘲是最安全的。

美国前总统奥巴马有一年在开学日上，对美国各地的中学生有一个电视演讲，他的开头是这样说的：

> 我知道，今天是你们很多人开学的日子。对于进入预备班、初中、高中的学生，今天是你们来到新学校的第一天。心里有点紧张，这是可以理解的。
>
> 我能想象现在有些毕业班的学生应该感觉还不错，因为还有一年就毕业了。不论在哪个年级，可能你们中有些人都希望暑假能更长一点，今天早晨还能再多睡一小会儿。我了解这种感觉，我也和你们一样。

你看，这个演讲的开头一下子就拉近了总统和同学们的距离。奥巴马说出了开学第一天大家的心理状态，这就是当时每个人正在经历，

也是最关注的事情。低年级的新生有些紧张，高年级的同学就要毕业，更多的人希望今早还能再多睡一小会儿，重要的是奥巴马还自嘲了一下：我也希望早上能多睡一会儿。

大家一听，总统也有想睡懒觉的时候。试想，如果你是其中的一位学生听众，是不是很难不喜欢这位亲民又有意思的总统？接下去奥巴马再说他想表达的，要珍惜现在的学习机会，每一天都要努力，想想20年、50年后能为国家解决什么问题、做出什么贡献，学生们也就更愿意听下去了。

同样，在工作、生活中需要演讲的时候，也可以用大家关心的话题开头。先说一件听众关心的事，拉近距离。

比如，我们去墨尔本进行脱口秀的巡演，有一场的观众主要是当地的留学生。李诞到了之后，先跟当地的学生、老师聊天，了解学校生活怎么样啊，平时聊什么话题、看什么节目啊，学校里最不方便的是什么，最想吐槽的是什么，等等。等到正式演出的时候，他一上台就能说出当地学生真正关心的事，大家都很意外，感到很有共鸣，现场效果特别好。

3. 讲一个和主题相关的幽默故事

讲一个和主题相关、有幽默感的小故事，这个方法可以说是在正式场合使用起来最保险的方法了。我们说过，幽默有时候很微妙，非常依赖现场是不是能放松下来。有些场合非常严肃，你如果判断不好是否能起到放松的效果，就不要刻意幽默，否则很可能弄巧成拙。

这时候，如果你还是希望为自己的演讲增添一些色彩，就可以选择说一个既内涵丰富又有意思的小故事。这样即使因为现场气氛过于严肃，大家听了没笑，你也给大家讲了一个内涵丰富的故事，也会为你的演讲增色不少。

除了场合的因素，对于初学者来说，讲段子是有难度的，讲故事则容易许多。如果你担心把握不好讲段子的效果，那就准备一个有趣的小故事，把它练熟，在演讲的时候讲出来。

2016年哈佛大学的毕业典礼上，来自中国湖南的博士生何江作为优秀毕业生代表做了一个演讲，和他同台的还有好莱坞的大导演斯皮尔伯格。

何江是这样开场的，他说："在我读初中的时候，有一次，一只毒蜘蛛咬伤了我的右手。我问妈妈该怎么办。我妈妈并没有带我去看医生，而是决定用火疗的方法治疗我的伤口。"

说到这里，台下的听众都笑了，何江继续说："她在我的手上包了好几层棉花，棉花上喷洒了白酒，让我咬住一双筷子，然后点燃了棉花。火透过棉花烤着我的右手，灼烧的疼痛让我忍不住想喊叫，可嘴里的筷子却让我发不出声来。我只能看着我的手被火烧着，一分钟，两分钟，直到妈妈熄灭了火苗。"

这就是一个既和主题相关又有意思的小故事。故事一开头,"被毒蜘蛛咬伤""妈妈并没有带我去看医生""决定用火疗",这些都制造了意外感。里面幽默的元素虽然不多,但是在演讲中这些就足够了。

而且这个故事跟何江演讲的主题非常相关。他演讲的主题是"改变科技知识分布的不均",这个故事就是通过讲一个在贫困地区的孩子被毒蜘蛛咬了,因为缺乏先进的医疗技术,只能用火烧手的土办法治疗,来引入如何改变这样科技知识分布不均的问题。

如果你在工作中遇到相对正式的演讲,又怕把握不好搞笑的分寸,就可以像这样讲一个有趣的小故事。并且,这个小故事最好和你要讲的主题相关。

比如,你要向客户推荐公司的面膜,你就可以想一想:客户可能关心的是面膜的哪些方面?比如舒适度、安全、使用是否有效等,那这些就是和你讲话主题相关的。你准备一个有以上内容的故事,再想想,这个故事里是不是能添加一些笑点。你可以这么说:"我妈特喜欢用这款面膜,我就说她,'妈,面膜虽然好,你能不能也给我留一片'。"

不需要特别高级的笑点,一个简单的小故事就能拉近与客户的距离,接下去你再向对方介绍这款面膜的各种功能参数,沟通就更顺畅了。

两个技巧，设计有幽默感的结尾

说完了演讲的开场，我们来分享一下怎样在演讲中设计一个有幽默感的结尾，从而给人留下深刻的印象。

在介绍具体的方法之前，我想说，演讲中一个好的结尾是性价比最高的。因为要设计一个好的开场不那么容易，而如果你的结尾不错，哪怕开头不那么完美，演讲的过程中有瑕疵，大家也会留下一个不错的印象。所以，不管你演讲的开场和中间如何，一定切忌"烂尾"。

这一点我们脱口秀演员非常擅长，我给你介绍两个我们在表演中常用的经典技巧。

1. 呼应

呼应，我们在脱口秀中称之为 call back，指的是重复前面提到过的一个段子。这种重复一般会换一个语境，把前面段子里的某个元素再提一下。

不要觉得一个笑话用两次显得有点偷懒，事实上观众特别喜欢这样的重复，因为前面的段子他听过了，再听到的时候，他们会觉得"啊，这个我知道"，感觉自己也参与其中，这样你就在最短的时间里和观众有了属于你们的"暗号"，关系自然就更紧密了。

我在第二季《脱口秀大会》上讲过姥姥喝咖啡的段子，这段表演的结尾就是一个典型的 call back。我们来拆解一下。

首先，在表演中间，我说了这么一件事：

> 没有人愿意喝咖啡，我姥姥只能自己喝。从那天开始，每天早上我姥姥会拿一个绿色的搪瓷碗，冲满满一碗咖啡，又苦又浓，抱着那个碗倒吸一口凉气，"你妈妈一天买这些东西浪费钱！"（喝咖啡的声音）一饮而尽啊。
>
> 有时候早上起来，还会看到一幅很诡异的画面，就是我姥姥坐在那，面前放了两根油条，和一碗咖啡。你就看她满脸痛苦地把那根油条往咖啡里面撕啊，一边撕一边说："老天爷啊，哪个让我受这个洋罪嘛！"

好了，当听众都有了这样的背景信息，我在结尾说：

> 我觉得有姥姥在的地方都充满了欢声笑语，但去年她去世了，享年91岁。可能是因为性格的原因，我姥姥可能这一辈子都不知道什么是孤独，但她走了之后我们都非常孤独。所以我想跟我姥姥说，"我们都很想你，愿天堂里，没有咖啡"。

最后这句"愿天堂里，没有咖啡"就是一个 call back，和前面说的姥姥喝咖啡的段子进行了呼应。观众一听"咖啡"，就像听到暗号一样，想到前面姥姥喝咖啡的段子，表演也在笑声和掌声中结束了。

Call back 在演讲中的使用其实很广泛，你不一定非要呼应一个段子，这在演讲中可能比较难。比较简单的是，你可以呼应演讲的开场。

如果你能在演讲的结尾总结提升之后呼应一下开场，让听众感到熟悉，尤其是如果还能笑一笑，就会是一个精彩的演讲。

比如，我们在讲如何开场的时候，说过何江在 2016 年哈佛大学毕业典礼上的演讲，他在开头讲了一个有幽默感的小故事——被毒蜘蛛咬了之后没去医院，而是用火疗。其实，他这次演讲的结尾也非常不错，呼应了开头。

> 改变世界并不意味着每个人都要做一个大突破，改变世界可以非常简单。比如成为一个好的沟通者，用更多创造性的方法将知识传递给像我母亲和当地农民那样的群体。我们的社会需要科技知识更加均衡地分布，这是人类社会发展的一个关键环节。我们要一起努力，把这个目标变成现实。
>
> 如果我们能够做到这些，那么或许将来有一天，一个在农村被毒蜘蛛咬伤的少年，就可以不再需要用火烧手这样粗暴的方法来治疗伤口，而是可以得到更先进的医疗护理。

这个结尾获得了现场的笑声和掌声，其实就是简单地呼应了开场的故事里，那个在农村被毒蜘蛛咬伤的少年。这个方法非常实用，下次在准备公开演讲的时候，你也可以试试看。

2. 传递价值，再加一个幽默

我要给你的另一个结尾方法是传递价值。具体来说，就是你可以用提出建议、发出号召的形式，在演讲的最后强化你想传递的价值和观点。

比如，我们刚刚说的何江博士的演讲结尾，除了呼应开场，也是在发出号召，号召大家一起努力，把科技知识更均衡地分布变成现实，让一个农村男孩不用在被毒蜘蛛咬伤之后用火疗。

这个方法非常实用，比如，领导请你向大家分享一下工作经验，你就可以在结尾的时候，提出一个你总结的对同类项目的建议。这样你就不仅仅是在汇报工作，而是站在了一个更高的维度去思考今后同类工作的效率和标准该如何优化。这样的结尾一定会给领导、同事留下深刻的印象。

如果你还想再提升一步，让你的结尾更精彩，可以在传递价值之后有意识地加一个笑点。

这里的幽默技巧最常用的还是自嘲。其实何江演讲的结尾里，就隐含了一个自嘲——自己就是那个用火疗的农村少年。

更典型的是马云在中央电视台"年度十大经济人物"颁奖礼上演讲的结尾，马云是这样说的：

03 沟通有边界，让对方舒服地接收信息

最后，我还是坚信一点，这个世界上只要有梦想，只要不断地努力，只要不断地学习，不管你长得如何，不管你是不是有钱，不管是这样还是那样，你都是有机会的。男人的长相往往和他的才华成反比。

你看，马云在向大家发出号召之后，调侃了自己的长相，用的就是在传递价值之后再加一个笑点。

如果你感兴趣，可以试着准备一个你在工作中遇到的好玩儿的小故事，讲给你的家人、朋友听听。说不定下次部门会议或者做述职报告的时候，你就可以在发言中用到了。

04. 沟通技巧是"术",做人方式是"道"

会沟通并不仅仅因为这个人话术高超,语言背后反映的是这个人对事物的看法和思维方式。反过来,一个人的人生观、世界观以及思维方式是什么样的,决定着他的气质和说话方式。

你的思维方式，决定了你的表达能力

战国时，张仪学成出师，游说诸国。一次陪同楚国的宰相饮酒。席间，宰相的玉丢了，因为张仪穷，门客们都怀疑他，把他抓起来打了几百大板。

妻子心疼张仪，说："如果你不学这游说之术，怎么会受这样的羞辱？"张仪却问："快看看我的舌头还在吗？"妻答："在。"张仪说："那就够了。"

有舌头在，张仪就能表达，就能给别人传递他的思想。后来，张仪凭借能言善辩之口，受到秦王的重用，成为纵横家的代表。

用现在的话来说，擅长游说的张仪一定有着高超的沟通技巧。但对于张仪来说，技巧和语术不是最重要的。因为，自古以来，语言最大的功能是思想的载体。

说话好听，并不仅仅因为这个人话术高超，语言背后反映的是这个人对事物的看法和思维方式。反过来，一个人的人生观、世界观以及思维方式是什么样的,决定着他的气质和说话方式。

我们欣赏李白豪迈,因为他说"天生我材必有用,千金散尽还复来""仰天大笑出门去,我辈岂是蓬蒿人";我们敬佩杜甫忧国忧民,因为他说"国破山河在,城春草木深""朱门酒肉臭,路有冻死骨";我们喜欢苏轼幽默豁达,因为他即使晚年被贬,还写信给弟弟说:"我啊,既可以陪玉皇大帝指点江山,也可以和村野乞丐把酒言欢。怎么都是好的。"

我们每个人的世界观必然都受到自身成长环境的巨大影响,而对于我来说,影响我最深的是我的姥姥。

姥姥是 20 世纪 20 年代生人,她这一生都在家国动荡、历史变迁中颠沛流离,直到退休后才过上安稳日子。姥姥最喜欢回忆过去,讲述年轻时的故事。故事多半很惨,但从她嘴里讲出来,却总有种莫名的喜感。

比如,我上幼儿园的时候,姥姥的腿上得了牛皮癣。牛皮癣病人很痛苦,患处瘙痒难忍,苦不堪言,但姥姥每次回忆起她的牛皮癣总让人觉得很逗。

她说:"我那个时候,听说老虎尿能治牛皮癣,就托人去动物园接了一盆老虎尿,回来洗我的腿。老虎尿放在家里,那个味道好骚啊,隔壁张姨都来问我:'你家怎么了?你是不是尿裤子了?'"

说完,听的人都大笑。

小时候觉得姥姥就是说话有趣,长大了才明白,姥姥这种豁达并不多见。她经历了很多痛苦,却对生活毫无怨念,她甚至觉得,痛苦就是人生中很重要的一部分,谁活着不痛苦呢?索性开心点好了。她总说(请自行脑补四川话):"哎哟,我好幸福啊,看看我的儿女,虽然也没什么出息,但是也没人赌钱、吸毒、坐牢,我这一辈子好满足哦!"

这样的豁达能否养成?如果你觉得自己对什么都提不起兴趣,能不能变得有趣?在我成为一名职业的脱口秀演员,经过长期的训练,也遭遇了诸多人生苦难之后,我渐渐明白,幽默的天赋少有,而豁达的人生态度是完全可以训练出来的。当然,豁达不止于让你变得幽默,更能让你体会到活着的乐趣。

幽默的背后有它独有的思维方式,豁达更取决于你如何看待你所经历的事物。你的所思所想,最后都会体现在你的语言中。

面对情绪低谷,时间和笑声才是解药

生命就是一场奋斗(Life is a struggle.)。生而为人,我们难免会遭遇挫折,情绪低落。工作不顺,婚姻痛苦,身患疾病,都是平常人不足为道的烦恼。除了这些,人生还有许多令人绝望的至暗时刻。也许我们解决不了痛苦,但我们可以改变看待痛苦的方式,生命也将是另一番格局。

豁达能否养成?如果你去问心理学家,他可能会跟你说心理创伤与内心冲突;如果你问哲学家,他会跟你说中国的老庄、西方的斯多葛[①]。然而我觉得,时间和笑声才是生活的解药。

豁达是思维方式的切换。很多时候,你感觉到痛苦,是因为沉浸

---

① 斯多葛(the Stoics),源自古希腊的哲学学派。得名自 Stoa Poikile,指的是雅典中心广场北侧的绘画长廊,因为创始人芝诺(Zeno)经常在这里给门人讲学。斯多葛学派在生命态度上推崇理智,主张既享受美好,又坦然接受其转瞬即逝,即所谓"尽人事,听天命"。罗曼·罗兰说:"真正的勇气是知道生活的真相,却仍然热爱生活。"这是典型的斯多葛理论。

在当下。用短期主义的思维来看，当下的痛苦就变成了全部；而豁达是放弃当下，切换到长期主义的视角，再大的痛苦也变淡了。

你一定有过类似的经历，一些当时笑不出来的窘境，一段时间过后，再跟朋友聊起来就成了谈资。可能本来还想抱怨几句，结果朋友被逗得哈哈大笑。你发现事情过去了，好像也没那么难过了。

把痛苦当礼物：幽默 = 悲剧 + 时间

在喜剧演员眼里，很多时候，好笑并不来自快乐，而是来自痛苦，也就是说，喜剧的内核是悲剧。最简单的，你看综艺节目里经常会让艺人做一些任务，任务失败就会有惩罚，比如被喷水、被突然吊到高空、被锅盖砸脑袋等。你看到这些惩罚的时候，只要电视里的人没受到什么伤害，你的第一反应一定不会是"好难过"，而是本能地哈哈大笑。

别人身上幸福的事，不会让你产生优越感；一件完美、正确的事，也不会产生紧张的情绪或逻辑矛盾，让你发笑。所以，幽默往往会和痛苦、失败、错误相伴随。

但是，痛苦并不能直接产生幽默，它和幽默之间还需要加上一定的距离。比如物理距离，像刚刚说的，你在家看综艺节目里的明星被锅盖砸脑袋觉得好笑，因为你和他不在一起；比如情感距离，这事并没有直接发生在你身上。还有一个最重要的距离就是时间距离，因为幽默背后有一个重要公式：幽默＝悲剧＋时间，说的是遇到糟心事没关系，只要把时间线拉长，"糟心事过去了，就变得好笑了"。

幽默背后的公式

很多经典的喜剧作品里都有这个公式的影子。喜剧大师卓别林的《摩登时代》上映于 20 世纪 30 年代，讲的是 20 年代美国经济大萧条时期，失业率居高不下，卓别林饰演的流水线工人成为机器生产中的螺丝钉，机械地到把人的鼻子也当成螺丝钉来拧，被误抓进监狱却发现监狱比外面还好。这部电影也成为喜剧艺术的巅峰之作。

还有周星驰的《喜剧之王》里面的经典片段：主人公尹天仇跑龙套，演一位要被打死的神父，因为想加一些内心戏，设计了各种不同的死法，被当红的主演大骂并被赶出片场。这一幕就来自周星驰早年

04 沟通技巧是"术",做人方式是"道"

跑龙套的亲身经历。

这个公式背后的逻辑是这样的:经过时间的发酵,总有一天我们能用一种抽离、调侃的眼光重新看待当时的困境。当那时的困境变得不那么沉重,你再谈论的时候就能放松下来。别人听你讲得坦然,也就能放心地感受其中的优越感、压力释放、逻辑矛盾。在听者能够笑出来的时候,你也就豁达了。

所以,对于喜剧演员来说,我们遇到困难、痛苦时,首先会把它当作生活给予的礼物。哪怕当下还深陷其中,没办法拿它开玩笑,我们也一定要先把它记下来。因为,痛苦可以成为最高级的幽默素材。

比如,我的同事梁海源讲过一个买和田玉被骗的段子。他在回忆这件事的时候说,被骗当然难受,但是他同时又很开心,因为他会想,"我被骗了,但是我可以把它写成段子,这样就把它赚回来了"。

对待痛苦,用长期主义的眼光来看,把痛苦加上时间就是幽默。当你认识到困难和痛苦是暂时的,是一段可以被说出来的经历,而不是你生活的全部时,自然就好多了。

可能有朋友会担心:"可是听说,很多喜剧演员都有抑郁症,'把痛苦当礼物'真的有效吗?"

其实,每个群体都有得抑郁症的人,且比例都不算少。只是喜剧演员的工作是逗大家笑,如果得了抑郁症会更违和、更有戏剧性,大家更愿意听到这样的故事，所以传播也就更广。事实上，早在30多年前，心理分析学家西摩尔·费舍尔和他的兄弟罗达·费舍尔就对此进行了研究，结论和人们的担心刚好相反。

当时40多位著名喜剧演员和小丑参与了这项研究，做了不少测试。费舍尔兄弟惊奇地发现，喜剧演员和小丑很少会患上心理疾病，尽管专业喜剧演员的工作要承受巨大的压力，但是他们都能够把自己调整得很好。

其中有一个著名的实验使用了"罗夏墨迹测试"[①]的方法，在这个实验中，研究人员请参与的喜剧演员看模糊的墨迹，并说出看到墨迹后想到了什么。

结果发现，和平常人相比，喜剧演员更擅长把有威胁感的图案转化成有亲切感的事物再说出来。比如，一个墨迹图案像恶狼，喜剧演员不会说"恶狼"，而是会说"肮脏的小土狼"，把它变成一个可爱的宠物形象，墨迹图一下子就有了幽默感。

[①] 罗夏墨迹测试，是由瑞士精神分析学家赫尔曼·罗夏（Hermann Rorschach）提出并发展形成的一个心理学测试。这是一个著名的投射型人格测试，在临床心理学中广泛使用，被称为"心理学的X光片"。20世纪末，美国心理学会专业事务理事会称，"或许罗夏墨迹是迄今为止最具权威性的心理测量工具"。主要的测试方法是，给被试者看10张精心制作的墨迹图，5张黑白，5张彩色，让被试者自由地说出看到墨迹联想到的东西，然后将这些反应用符号进行分类记录，加以分析，进而对被试者人格的各种特征进行诊断。

04 沟通技巧是"术",做人方式是"道"

喜剧演员眼中的墨迹图案

这是因为喜剧演员经过长期的训练,使得他们在不自觉的情况下,就会用幽默来应对那些可能带来困惑或者苦恼的事情,让自己感到快乐。

跳出困境的三个方法

在生活中,具体有哪些方法是你在面对低谷时可以借鉴,帮助自己变豁达的呢?由"幽默 = 悲剧 + 时间"这个公式出发,我为你拆解出三个小方法供你参考。

1.转变心态,给痛苦加上时间

如果我们的目光只局限在当下,那么在遇到低谷的时候,可能会觉得整个世界都灰暗了。如果能用长期主义的视角,给低谷时的痛苦加上时间,你在情绪低落的时候就更容易跳出来。因为你知道现在的痛苦要加上时间的发酵，以后有一天还会变得好笑，自然就豁达了。

很多时候，旁观者清是因为加上了一定的距离。我们说过，幽默和痛苦中间也需要一定的距离。当你深陷痛苦的时候，想象站在一周、一个月甚至几年之后再回过头看，距离拉开了，就会好很多。

2.切换视角，想着有一天你会把痛苦说出来

我在《脱口秀大会》第二季上，讲过我肾结石复发住医院的经历。得肾结石虽然很痛苦，但是我想着它有一天会变成段子，就好多了。

> 大家都知道我去年生病了，肾结石复发。我现在还记忆犹新，就是我当时去医院取片子的时候，那个医生看着我的片子，"真大！来，小张，小李，进来，看看这个结石，大不大？这就是我跟你们说的，课本上学不到的东西。"我在旁边都疼不行了，我说："医生，我疼。"他说："看看，她开始疼了！你们说这个结石威力大不大？"

当时现场的观众都笑得很开心，表演结束，于谦老师问我："什么时候写的？"我说："刚出院的时候写的，可能是刚出院的时候就带着一个信念，这一篇我一定要讲给我的医生听！"

04 沟通技巧是"术"，做人方式是"道"

你不用像脱口秀演员一样，专门把自己的痛苦编成段子说出来（当然如果你能这样做，那非常了不起）。但是，你可以有一个强烈的想法，就是有一天你会把痛苦说出来，甚至你在经历困境的当下就可以试着在心里把你正在经历的难关说出来。

这在心理学上其实是一种切换视角和心理暗示。当你用叙述者的身份讲述自己困境的时候，就是在抽离出来，重新去看你经历的事情，它能帮助你积极地面对内心的焦虑和恐惧。

举个例子，假设你在工作中遇到了困难，挫败感很强，你就可以在心里跟自己说：现在遇到的是一件什么事，我的感受是什么样的，有哪些困难，还能改变吗。你甚至可以再往前一步，把正在经历这件事的主角换掉，如果不是你，而是另外一位你很崇拜、敬重，你认为很厉害的人，他会怎么做，如果事情无法改变了，他又会怎么办。

把这个例子换成生活中的其他问题也是一样的。在这个过程中，你就不知不觉地通过切换视角和心理暗示，帮助自己寻找到了跳出困境的方法。

同时你会发现，痛苦和挫折是可以被说出来、被解读的。当它变成一段可以被解读的经历时，你就更容易直面它了。

当然，有一些乐观的朋友，能像说段子一样乐呵呵地把困难说出来，这说明他在内心已经接纳了自己的低谷，能走出来了。比如在

《脱口秀大会》第二季的总决赛上,我的同事王建国说了一段他东北老家朋友的故事,很让人感慨。

> 东北别的地方我不知道,我们老家那边得个癌症跟得感冒似的。就得个癌症,一般人都说"得癌了"。我们家那边说"得癌了,什么癌?扩散没有?还有多长时间?"都是这样的。我们那边有一个大哥,姓李,是我一个好朋友。前阵子,不是前阵子,前年了,长了个脑瘤。然后我就去问他:"我说李哥,你这个怎么样?"他说:"叫什么李哥,现在我脑子里有个瘤了,叫'瘤哥'。"
>
> 我们那边的人开玩笑,开癌症玩笑,开的最狠的,永远是那些带着癌生存的人,这个东西就是他自己的一种消解。

"消解"这个词很贴切。我们想变幽默,很大程度上是因为幽默有一种巨大的吸引力和人格魅力。但是幽默为什么会有这样的魅力?你会发现,幽默的人在生活中也都是快乐和超脱的。幽默首先是"对内"的自我愉悦和消解,"对外"的魅力只是它自然地呈现。

幽默的背后,是一种不在意,你不在意很多嘲讽,不在意很多苦难,不在意很多别人在意的小事。

3.用快乐恢复能量，并学会向他人求助

面对生活的不易，"笑"是能帮你渡过难关的好方式。

这不是一句安慰的话。现代脑科学已经证明，笑会刺激人类的大脑产生内啡肽，从而感到愉悦。内啡肽是大脑神经释放的一种激素，它和大脑中的受体相互作用，还能产生止痛的效果。也就是说，笑不但能让人开心，还能在一定程度上缓解疼痛、舒缓压力。

你看小孩子跑着跑着摔倒了，哭得特别厉害，这时候大人上去逗逗孩子，小朋友笑一会儿好像就不那么疼了，又接着去玩儿，背后也有这个原因。

所以，当你陷入情绪低谷或者面对难关的时候，可以用笑来调节自己的状态。比如，你可以看一些喜剧电影、脱口秀、幽默文集，或者尝试讲一些笑话，不要让自己陷在负面的情绪里。

除此之外，遇到困难的时候也不要忘了向身边的家人、朋友求助，下定决心，从痛苦的怪圈中走出去，才有可能获得力量。

我自己有一个很深的感触，笑是可以互相感染、传递力量的。我在低谷的时候，也会去听我的同事们讲脱口秀，他们讲得搞笑，我就会被他们的状态感染，同样也感到快乐。

同时，作为一名职业的脱口秀演员，有时候尽管自己处于低迷状态也不得不上台演出。我一开始有些抗拒，"这也太残忍了吧，我都这么难过了，凭什么还要逗笑别人"。但每次当我出于责任硬着头皮上台演出完时，台下观众的掌声与笑声如同一股可以反哺的能量涌进我的心中，那一刻，我的状态至少可以恢复 50%。

这就是观众的笑，反过来带给我的力量。

学会接纳，才能更好地应对变化

如果问我成为一名脱口秀演员，对我改变最大的是什么，我觉得是接受度变高了。超高的接受度，有时候是脱口秀演员不得不经历的一种痛苦测试。记得刚入行的时候，有位演员经常说："这都受不了，还做什么脱口秀。"如今，我已从业5年，现在我经常会听到身边的人惊讶地说："啊？这你都受得了啊？"

那位脱口秀前辈的话是有道理的。幽默很多时候就是一种独特的视角，你跟别人的观察角度不一样，才能说出让人感到意外、戳中要害的话。也就是我们之前说的，幽默来自意外感、压力释放。

而想要看到别人看不到的，前提是你要能接纳比别人更多的东西，无论是对自己还是对外界。因为只有接纳了，你才能看到这个事物的全貌。

你可能会发现，欧美电影里对于人性的描述往往更加复杂和立体。正如2019年大火的电影《小丑》中的亚瑟·弗莱克。他是一个看起来十恶不赦的坏人，但他也许不是个简单的坏人，他有过去，有创伤，他现在所呈现的一切是他过去人生的痕迹和他面对伤害的态度。

从创作角度来讲,创作者不能把小丑仅仅当作一个坏人去塑造,单纯的大好人和单纯的大坏人,形象都会单薄。只有创作者接纳和穿越了他表面的"坏",才有可能挖掘到他的善良、他的无力,看到他更丰富的一面,才有可能将这些全部呈现在观众面前。

所以,接纳是你看到事物更丰富的角度的一个前提,而幽默就是你在这多个角度中选取的那一个。反之,抗拒和单向思维会让我们的思想和生活都变得极其简单和乏味。

这样开放的心态,说起来容易,做起来却很难。不知道你注意过没有,人在面对外界的时候,第一反应往往是自我保护。自我保护的表现之一是对很多可能性说"No"(不)。而一个有幽默思维的人,第一反应是先接纳,凡事先说"Yes"(对),这就是我们说的心态自由。

这样说还有点抽象,我们来看两个例子吧。

第一个例子:

> 你问女朋友晚上想吃什么,她说:"不知道。"
> 于是你提议说:"我们吃火锅?"
> "吃火锅太麻烦了,还要自己弄。"
> "那我们点外卖?"

04 沟通技巧是"术",做人方式是"道"

"外卖不卫生。"

"那我们随便吃点,煮面条?"

"也太随便了,累了一天能不能吃点好的。"

你看,你的每一条建议都被否决了,是不是心里特别不舒服。这是因为女朋友在回应的时候,本能反应先说了"No"。几次拒绝之后,两个人心里都不满意,可能还会吵起来,沟通就被阻断了,解决问题的可能性也被阻断了。

那么,如果两个人都保持开放的心态,先接纳地说"Yes",会怎么样呢?

你问女朋友晚上想吃什么?她说:"不知道。"

于是你提议说:"我们吃火锅?"

"好啊,火锅不错,我想要在家吃又不麻烦的那种。"

"哎呀,在家吃又不麻烦,这个要求太高了。快好好哄哄我,我就给你做。"

你看,每个人都对对方的提议保持了开放的态度,先接纳而不是抗拒,在接纳的基础上,你会发现很多事情其实非常容易就能找到解决的办法。你会真的去想:"满足什么条件我可能真的愿意这么做呢?"

于是双方都没有委屈自己，生活还有了情趣。

这一点在工作和生活的其他场景里也是一样的。我们说过，幽默只有在放松的环境下才容易产生，心态自由就是这样放松、开放的土壤。

有了这样的思维方式，你在与人的交往中，思路打开了，沟通就会更顺畅、更有趣，也会有更多的可能性。

接纳自己：接纳缺点，更要接纳优点

关于接纳自己，你一定听过不少。这里，我想强调的是，"接纳"并不只针对缺点，还包括能够坦然地接纳优点。这两点加起来，你会发现一个更加立体的、有血有肉的自己。古希腊人说，知识铸就自由；古代中国人说，人贵有自知之明。对自己的优点和缺点都认知清晰，生活会带你前往更加广阔的世界，所谓的"不以物喜，不以己悲"才有可能发生。

1. 接纳缺点：不在意才能调侃

我们在讲自嘲、吐槽的时候说过，如果你要自嘲，那么你自嘲的缺点和窘境一定要是自己能接受的。反过来，你只有接纳了自己的缺点和一些不完美的经历，才可能用另一种视角去调侃它。当你不在意的时候，才是真的接纳了；当你讲出来也能感受到自己不在意的时候，大家听了才会觉得好笑。

04 沟通技巧是"术",做人方式是"道"

比如,我在《脱口秀大会》上有一个段子是讲父母离婚的。这样的段子其实不好讲,因为大家一听父母离婚,可能第一反应是同情,是尴尬,是想我该如何反应才不会显得没有人情味,这样一来,就笑不出了。

所以,说这件事的人一定要自己很看得开、已经完全接纳了这件事。这样调侃起来,自己才不会难受。你要知道,你的感受会完全传达给听众,听众只有真正感受到你的放松和不在意,听了没有心理负担,才会觉得这段悲惨的经历好像真的很好笑。

我当时是这么说的:

我的家庭比较特殊,我出生在一个单亲家庭,我的父母在我很小的时候就离婚了。小时候,每次别人听说我父母离婚了,都会说:"啊?对不起,我不是故意的。"

时间长了我就发现这句话很酷。每次跟同学吵架的时候,我就会甩出这个大招。我同桌每天说:"你往那边,你超线了。"我都会说:"我父母离婚了,对不起。"

但你知道,其实有这样特殊的经历,你会觉得还挺好的,因为你很容易拉近跟所有人的关系。小时候,每次别人听说我父母离婚的事情,就会说:"啊,这么大的秘密你都愿意告诉我,我都没有什么秘密可以跟你交换……以后你就是我最好的朋友!"他还不知道,其实我已经告诉了所有人。

这里面我说,我发现"父母离婚了"这句话特别酷,每次跟同学吵架,就甩出这个大招;想跟人拉近距离,也甩出这个大招。你听了觉得挺有意思,就是因为我自己先接纳了这件事,这样说出来才有幽默效果。

这里要注意的是,你要能够分辨自己是真心接纳了这件不那么愉快的事,发自内心地觉得它好笑,还是只想讲一件自己的悲惨事,得到大家的同情。你的听众会敏锐地觉察到你的所有情绪。对,他们就是这么苛刻。

我们常说,幽默的人首先是一个强者、一个豁达的人。你能够接受自己身上的缺陷和不完美,才能从容、自信地调侃它。

2. 接纳优点:过于谦虚显得不大方

接纳自己的优点,往往比接纳缺点更难,尤其是我们中国人长期以来习惯了谦虚和内敛。

你想想,当别人夸你"今天穿的这件衣服真好看""工作完成得真不错"的时候,你有多少次会害羞地急于否认,"没有,没有";当我们夸一个人的时候,是不是又会在夸完之后忍不住提醒对方"不要骄傲"。

否认自己的优点,认为自己不值得这么好,这在心理学上有个专门的术语,叫冒充者综合征①。这个概念指出的心理状态非常普遍,尤其是对女性来说。

研究发现,女性比男性更容易有冒充者综合征,即认为自己没有那么优秀,如果取得了成功,可能是因为运气好,而不是能力足够强。这是因为,女性在传统社会的角色相对固定,这导致社会进步后,虽然女性已经走上社会不同的岗位,胜任不同的角色,但是依旧会有自我怀疑。"我真的是一个领导了吗?""我真的有这样优秀吗?"甚至哪怕得到了很多人的肯定,内心还是无法坦然接纳,忐忑焦虑。

事实上,能够欣然接纳自己优点的女性是可爱的。面对夸奖,你可以直接接纳,坦然说"Yes""是的,谢谢夸奖"。

比如,别人夸你:"今天穿的这件衣服真好看!"尝试接纳这样的赞赏,你可以说:"是吧,我也觉得很美!"

这样的回应一点都不扭捏,其实比你害羞地说"没有没有,哪有好看""很便宜的"更加得体大方。同时,你也会散发出一种自信的魅力。

---

① 冒充者综合征(Impostor Syndrome),又称"自我能力否定倾向",是由心理学家保利娜·R.克兰斯(Pauline R. Clance)和苏珊·A.艾姆斯(Suzanne A. Imes)于1978年提出并命名的。这是一种普遍的心理状态,而不是精神疾病。有冒充者综合征的人,往往按照客观标准的评价已经获得了成功,但是他本人却不认可。他觉得自己不够优秀,没有能力取得成功,感觉在欺骗他人,并且害怕他人发现自己不够优秀。

如果你觉得还是无法把这句话直接接纳下来，实在是不好意思，你可以用转移矛盾法，稍微叉出去一些。但是这里的"稍微叉出去一些"不是否认自己。比如，领导夸你工作出色："小张，今天的报表做得真漂亮！"夸得你不好意思了，你就可以说："领导，我觉得还是我长得更漂亮，哈哈。"在表示接纳的同时，用幽默的方式把直接的夸奖转移到外貌、穿着这些和业务能力不相关的地方，既表达了对领导的感谢，又不会显得不够谦虚。无论你长得好不好看，这招都特别有效。

接纳外界：用"Yes，and"应对外界

不知道你有没有过这样的经历：被人怼了一下噎住了，或者遇到问题答不上来，脑袋一片空白，等到晚上回家躺在床上，脑子里才浮现出100种应对的方案，"我当时要这么说就好了"。

其实，这样的情况很常见，大家都差不多。我大胆猜测一下，你是不是遇到类似需要应变的状况，第一反应会紧张、懊恼，甚至在心里默念，"怎么能这样""我该怎么办"。

我们说过，人往往会出于自我保护，对不确定的事情表现出抵触和抗拒。这里的紧张、懊恼、默念"怎么办"，就是赤裸裸的抗拒。在这样的情况下，虽然你的大脑中可能有答案，甚至外界的信息正在告诉你答案，但你的抗拒已经对这些可能性说了"No"，你自然就反应不过来了。

那么该怎么办呢？这就是接下来我们要讨论的，如何接纳外界。只有接纳外界才能帮你更好地打开视角，应对外界的变化。

先来看两个例子。

第一个例子。一部电影上映，总会出现这样的情况，可能大家还没有看，心中就已经对导演或者演员有了预判：那个谁演的啊，不想看。这时候，我们在电影院看到的、在网络上讨论的可能就不是这部电影本身，而是我们预设的偏见。电影中所出现的种种只是为了加深和印证这种预判：哦，你看，我早就说了吧。

第二个例子。我们现在每天都在使用的微信，已经成为我们生活的一部分。但是微信刚上线的时候，面对的评价是这样的，"不知道干吗用的""走流量聊天都有QQ了，还不能像飞信那样直接给手机发短信""真是鸡肋"。

很多时候，我们还没有开始看，就已经把自己对外界的大门关上了。关门的同时，我们对外界的感知就产生了偏差，应对外界的能力也就降低了。

心态自由的思维方式，就是要帮你把这扇门重新打开，先接纳，不抗拒，让信息进来，可能性有了，办法也就有了。

如何锻炼自己凡事先接纳的思维方式？就是我之前介绍过的即兴喜剧里最核心的练习，"Yes, and"，翻译过来就是"是的，而且"。

即兴喜剧是喜剧的一种形式，跟幽默是相通的。它特别的地方在于它是即兴的，演员在舞台上的表演没有剧本，也没有提前排练。观众现场出题，给几个关键词，演员就开始演。

是不是听上去有些不可思议？有剧本的表演都很难，更何况没有剧本。

但事实上，这样的表演形式从 16 世纪中叶的意大利就开始了，到现在影响力越来越大。尤其是在美国著名的商学院，比如哥伦比亚大学、杜克大学都开设了即兴表演的课程，在我国的各大商学院和企业培训中即兴喜剧也很受欢迎。

即兴喜剧的表演形式其实和我们的现实生活最像。你在应对外界的时候，就是一场场没有剧本的演出。从出生、考学，到结婚生子、变换工作，你需要在各种变化和不确定性中和你遇到的人配合，找到目标和方向，完成好你们的表演。

如何锻炼自己接纳外界、应对外界的能力，答案就在这里。

当代即兴喜剧大师基思·约翰斯通（Keith Johnstone）说，即兴喜剧演员能让演出流畅地进行，还充满喜剧效果，核心的诀窍就是说"是的，而且"。应对外界的不确定性，先接纳，对同伴说"是的"，再添加信息"而且怎么怎么样"，就会有神奇的效果产生。

下面我就具体拆解一下这个方法。

1. 接纳的第一步，凡事先说"是的"，包括接纳错误

我们在生活中，接纳顺利的事不难，难的是如何能够瞬间接纳错

误、接纳意外。有的人面对危机时特别淡定，随机应变能力特别强，其实是他们接受失误和意外的速度比别人快。

你想，如果你能够训练自己在面对意外和错误的时候快速接纳，说"是的"，那就意味着，在别人花时间懊恼、愤怒、紧张的时候，你已经绕开了这些负面情绪去准备应对了。也就是说，你将比大多数人有更多的时间去寻找解决方案，自然你应对的效果就好多了。

我推荐你做一个说"是的"的小游戏。这个游戏需要两个人，你和你的伙伴互相提问，无论第一个人说什么，另一个人都要说"是的"。这里面特别强调两点：第一，请你的伙伴在提问中多穿插一些"冒犯"性的话，让你多感受到意外和错误；第二，无论对方对你说什么，你都必须快速地说"是的"。

这个说"是的"的小游戏，主要锻炼的是你快速接受意外的能力，不管对方说什么，你都要接受。这样，在生活中再遇到意外状况，你就不会那么抗拒了。

比如，你的朋友对你说，"你今天穿得真漂亮"，你觉得很开心，要说"是的"；你的朋友对你说，"你这年纪也不小了，可得收拾收拾自己，不然真没人看"，你即便听了心里不太舒服，也要说"是的"。

我在这里附上了一些参考问题，你和伙伴做这个游戏的时候可以随机抽取，当然也可以自由发挥。

- 你是不是又胖了？
- 你都年纪一大把了，是不是还爱穿粉色？
- 你老公（老婆、男朋友、女朋友）不是很关心你吧？
- 你这件衣服怎么这么难看？
- 怎么感觉你这么抠儿？

没错，都是一些讨人厌的问题，但你听到之后要快速说"是的"。

2. 真正的接纳，是在"是的"之后还要说"而且"

真正的应对外界不但要说"是的"，而且在这之后，还要主动添加新的信息"而且……"不断往前推进，这样才算真正的应对。

比如我们之前举过的例子，男生问女生晚上想吃什么，男生提议吃火锅，女生如果只回应"是的""好"，这件事看上去是敲定了，但其实并没有什么实质性的发展。

你想想，具体吃什么火锅，是鱼火锅还是牛肉丸火锅；去哪里吃，是在家吃还是在外面吃，这些都没有结论。

只有双方不断添加新的信息，事情才会得到解决。比如，一个说："我们去吃火锅吧。"另一个说："好啊，我想要在家吃又不麻烦的那种。"或者"好啊，海底捞24小时开业，这会儿去正好不用排队。"像这样，才是在积极应对，主动贡献想法。

这种方法在生活、工作的其他场景，甚至在面对困境的时候也可以使用。只说"是的",好的想法和解决问题的办法并不会自己产生,你还要主动添加"而且",在这样主动应对的过程中,问题才会迎刃而解。

举个例子,到了季度末,团队的业绩还有一些没完成。如果开会的时候只有领导在说:"大家要努力啊,一定要完成这个季度的绩效!"大家都回答:"好的。"其实这并不是真正的接纳,甚至大家内心想说的是"压力好大""真不想做"。

如果你能说:"好的,上次咱们沟通过一个新客户,虽然对方提出的要求比较多,但应该还是可以试一下。"这时候你添加了一点信息,给出了一个方向,哪怕并不是很清晰,如果团队的其他成员能够你一言我一语,在此之上又添加新的想法,也许你们很快就能有一个具体的方案,问题就能逐步得到解决。这才是真正的接纳外界、应对外界。

从正面难以解决的问题，站到反面去找答案

很多朋友问我，为什么同样一件事，别人说出来感觉平淡无奇，可是到了你们脱口秀演员口中，就特别好笑呢？我想了想，可能是因为我们脱口秀演员都不爱"好好说话"吧。

这个不"好好说话"，说的是脱口秀演员习惯性地不愿意按照常规的思维方式来表达。如果大多数人都朝着固定的方向去想问题、去说话，那么一个脱口秀演员本能的反应则是，"我不能和大家一样""我得反过来，倒着说""倒着说才有意思"。这就是说话背后的逆向思维。

逆向思维这个词，你一定不陌生。顾名思义，逆向思维就是和常规的思维方式反着来，倒过来想，从事物的反面去表达。我们总说，擅长逆向思维的人在为人处世上更聪明，能打破思维定式。其实，在沟通表达上，逆向思维也很重要，用好了，能帮助你在说话中展现出风趣和智慧。

童话作家郑渊洁小时候总听老师说"早起的鸟儿有虫吃"，他却

说"早起的虫子被鸟吃",这就是非常典型的逆向思维。

再比如,给孩子报兴趣班,一般人会说,"给孩子报他感兴趣的";脱口秀演员可能会说,"孩子对兴趣班根本提不起任何兴趣"。

说到高考填报志愿,大家会说,"照着志愿填报指南填写专业和学校,有个参考";脱口秀演员会说,"志愿填报指南它真的是一本'指南',因为你用它选择专业,根本找不着北"。

这里面"对兴趣班提不起兴趣""'指南'找不着北",体现的也是表达中的逆向思维。

喜剧大师卓别林说,喜剧是两种相反意见的碰撞。可以说,逆向思维是一名喜剧演员和其他人相比最为不同的地方。这样的思维方式不但能让你变得更有趣,还能让你更智慧。

聪明的人,会站到反面去思考

英特尔的创始人安迪·格鲁夫是硅谷公认的"最伟大的管理者",直到现在,企业家和创业者们都还在学习格鲁夫的管理思想。

在格鲁夫的职业生涯中,有一次经典的商业决策,这次决策影响英特尔完成了最重要的一次商业转型,绝处逢生。他的这次决策就有逆向思维的运用。

当时的英特尔还是一家存储器公司,存储器业务是其核心业务。但是由于日本公司持续打价格战,英特尔的存储器业务一直严重亏损。在董事会的压力下,格鲁夫面临着一道难题:是否停掉公司的核心业务,从存储器转向微处理器?

他非常犹豫,一方面存储器业务一直是英特尔的骄傲,又是技术核心;另一方面,如果继续存储器业务,会扩大亏损,而新业务也许会带来新的可能性。这样煎熬了将近一年,最后让格鲁夫下决心的,是他问了自己一个问题:如果从结果倒推,我们被董事会踢出去了,新上任的首席执行官为了救公司会怎么做?

格鲁夫自己给出的答案是,他会退出存储器业务。"那么既然如此,我为什么不先开除自己,然后自己回来宣布退出存储器业务呢?"

就这样,从事物的反面考虑,站在结果往回倒推,形势一下子就变明朗了。格鲁夫做出了正确的决定,退出存储器业务,这个决定让英特尔有了后面持续几十年的辉煌。

对于你来说,面对工作、生活中的复杂问题,如果从正面思考难以解决,不妨试试站到事物的反面,从结果倒推,答案可能就出来了。

比如,你正在考虑要不要跳槽或者换行业,从正面思考让你犹豫不决,找不到头绪,那么你试试站到事情的反面来看看:如果你没有跳槽会怎么样?如果换行业失败了,可能的原因是什么?这样的逆向思考，能让你看到你在意的是什么，以及由错误出发，反过来正确的决策可能是什么。

逆向思维的日常训练

有关逆向思维的训练，我有两条建议。

1. 你在平时的生活中可以试试"任何话都反着接"

这是我个人觉得很有意思的一个心得，推荐给你。

我说过，脱口秀演员都不爱"好好说话"，这其实是在帮助自己放松下来，不拘泥于固定的思维和固化的表达。"任何话都反着接"就是其中的一种方式。

实际上当我们还是孩子的时候，我们经常用这种说话方式，因为这就是说反话、接下茬儿。你不妨找机会也试试，跟自己亲密的家人、朋友玩一玩。在习惯了说话要得体，有很多拘束之后，让自己放松下来，你会发现快乐来了，思路也就打开了。

你还可以在看喜剧、看综艺节目的时候，接电视剧、综艺节目里的人的话。很多喜剧，特别是《老友记》这种美式喜剧，其中的很多台词就是反着来的。我在看《老友记》的时候，会在心里默默地接主人公的话，如果主人公的台词跟我猜的一样，我就会非常开心。

比如，瑞秋有一次在男朋友家穿着吊带睡衣，想要性感一些，却不小心撞见了男友的父母。她在跟朋友讲述这件事时，大家惊呼：

"啊？那他父母看到了你的胸？"瑞秋说："哈哈，还好我的胸长得比较美。"

多看美剧，你会受到这种逆向思维的感染，慢慢地就会发现，你也能按照他们的思路来讲话，拥有喜剧编剧的思维了。

2. 多做"What if"的小练习

逆向思维里很重要的一点是从相反的视角来看、从结果倒推，那么，当你站在相反立场的时候，该如何思考，如何从结果倒推呢？这就要说说"What if"了。

"What if"翻译成中文就是"如果"，这个练习的意思是，你看到一件事可以做一个假设，问自己"如果怎么样，会怎么样"，得出结论之后再假设，继续问自己"如果怎么样，会怎么样"，就这样一直问下去。

比如，在安迪·格鲁夫拯救英特尔的例子里，当他不知道是否该让公司退出存储器业务的时候，他从结果往回倒推，他先做了一个假设："如果我们被董事会踢出去了，新上任的首席执行官为了救公司会怎么做？"他得出的结论是"会退出存储器业务"。

我们能知道的故事到这里就结束了，但事实上更大的可能是，他也许还继续追问过"如果"，即"如果退出存储器业务了，接着会怎么样？"在这样一步步的追问下，事情就变得越来越清晰，解决方案也就出来了。

04 沟通技巧是"术",做人方式是"道"

这样的练习你随时随地都可以做。我很喜欢的剧作家赖声川就分享过一个他在旅行途中做"What if"小游戏的经历。

他当时在法国的一座城堡里,墙上有一幅过去城堡主人的画像,画像下面写着,"×××,法国驻意大利大使,1860—1900",然后他就开始在心里玩儿这个游戏,他问自己:"如果这位城堡的主人不是法国驻意大利大使,而是法国驻中国大使,会怎么样?"

继续问下去:"如果他在中国爱上了一个中国女人,会怎么样?""如果他带这个中国女人回法国,住在这座城堡里,会怎么样?"

到最后,赖声川说,他一边推演这个"What if"的小游戏,一边问自己:"如果这个女人还活着,如果我有机会拜访她,她会跟我说些什么故事?"

他仿佛真的可以看到一个故事,这个故事后来就变成了轰动一时的话剧作品《如梦之梦》。

切换视角，修炼自己的趣味和豁达

不知道你注意过没有，生活中有很多事，当事人可能觉得不好笑，但是旁人一看就忍不住想笑。

比如，在卓别林的电影里，作为小人物，卓别林总是遭遇各种苦难，被欺负，被嘲弄。作为电影里的角色，他绝对不会认为这是喜剧，但观众看起来却捧腹大笑。

法国著名的哲学家亨利·柏格森在幽默理论上很有研究。他说，你可以试试看，当你用当事人的视角沉浸在一件事里的时候，你会和对方有最大的共情，这时候即使再微不足道的事也都变严重了，笑不起来。但是，当你把自己抽离出来，作为一个旁观者来参与生活的时候，很多场面一下子就会变成喜剧。

比如，在一个严肃的会场里，演讲者声情并茂，台下的人听得感动落泪。如果你把自己融入其中，作为当事人，很可能也会哭起来；但是如果你不去听演讲者在说什么，一键静音，作为旁观者你只看画面，台上一个人在讲，台下的人哭作一团，马上就会觉得挺滑稽的。

这就是我们说的旁观者视角，把自己放在旁观者的位置，而不是当事人的位置，重新去看发生的事，幽默就产生了。

切换视角看生活，发现忽略的乐趣

很多人觉得生活平淡，容易苦恼，现在你应该知道了：当你只从主观视角，也就是"我"的角度去看周围的时候，很容易放大自己，从而削弱了对外部信息的敏感度。这时候，如果你能跳出来，从旁观者的角度看看，就能看到平时没注意到的东西，新鲜感和乐趣也就来了。

在快手、B站这样的视频软件上，你经常能看到再普通不过的老大爷、剃平头的小伙子、蒸包子的阿姨，做着你平时可能都不会去注意的事情，比如砍柴、采蘑菇、搬砖、招揽生意……再配上"来了老弟"[①]"窝窝头，一块钱4个，嘿嘿"[②]这样的叫卖，吸引了大批网友。

这些普通人的生活记录，如果换作是在上下班路上发生的，你可能都不会去看，因为这和我们每天的上下班一样平淡无奇。但是，当你在手机上从旁观者的视角，作为观众去看别人的生活，突然这些画

---

① "来了老弟"，网络流行语，是一位抖音上的烧烤摊大姐招呼熟客时的常用台词，大姐敞亮的嗓音让这4个字变得非常有魔性，被大量使用和转载。——编者注
② "窝窝头，一块钱4个，嘿嘿"是一个卖窝窝头的视频里面流传出来的，原句为"窝窝头，一块钱4个，嘿嘿（音调上升）"，因为叫卖声实在魔性，令人发笑，所以红爆网络。——编者注

面就变得很有意思，你也会看得特别起劲。

原来蒸包子一屉一屉出来，看起来这么喜庆带劲儿；捕鱼人下水抱着比人还大的鱼，这么好笑。这就是你从不同的视角去看同一件事的时候，给你带来的不同感受。

所以，以后在生活中碰到一件事情，你就可以试着从不同的角度，比如当事人的主观视角、旁观视角，甚至加上其他人的视角，轮流看一看会带来什么样的效果。

比如，你和你老公吵架了，这是大多数家庭都会发生的事，没什么特别的，而且你们可能会越吵越厉害，干脆不说话。你沉浸在自己的视角里，也就是从主观视角来看，觉得很生气，自己没错；他从他的视角来看，也觉得很生气，自己没错。

现在，如果你俩又吵架了，你就可以邀请你的老公和你一起，交换视角重现一下争吵的过程。你扮演他，他扮演你，你们轮流把对方说的话再说一遍，也就是互相用对方的视角来看看这件事是什么样的。可能重现到一半的时候，你们就都感到荒诞好笑了，原来就为了这么点儿事啊。也可能你们双方突然就理解了对方的想法，原来我们误解了对方的意思。

你甚至还可以"跳出来"，不从对方的视角，而是从旁观者的视角来重新想一想整件事，也许你会发现，整个争吵的过程本身就很好笑。而且，争吵的事情也没有绝对的谁对谁错。

这样切换视角的练习，你随时都可以做。比如，你的女同事跟你聊天，说家里安排相亲好烦，这是她从她的主观视角来跟你说这件事。

你听完之后，就可以想想，作为旁观者，你看到别人被安排相亲，你会怎么想，这里面有没有有意思的事情；再换成其他人的视角，比如那位一心希望女儿早点嫁出去、四处安排相亲的老母亲，如果从她的视角说说为什么应该相亲，是不是又会有不同的效果。

总而言之，你能感知到多少别人感知不到的，都会反映在你说出的话是有趣还是无趣，是深刻还是肤浅上。

我的好朋友梁海源在《脱口秀大会》上说了一个跟我和程璐去度蜜月的段子，效果特别"炸"，其实就是运用了这个方法。如果我们只从习惯的视角来看，夫妻俩结婚度蜜月，结果有个人跟着，多尴尬，多让人苦恼，怎么会有趣呢？但是海源从不容易被理解的一方，也就是那位"电灯泡"的视角来谈，还谈出了合理性，一下子就出现了喜剧效果。

我们当时去的是桂林，非常浪漫……白天三个人一起游漓江，晚上就三个人斗地主斗到深夜。当时我还想，如果只有他们两个人来度蜜月的话，肯定就斗不了地主了，是我丰富了他们的蜜月生活啊。有一天晚上，斗地主斗到深夜，程璐问我："海源，你累吗?"我说:"我不累啊,斗地主这么好玩儿的事情怎么会累呢?"

是不是让人出乎意料?同时你作为观众,被放在了一个旁观者的视角:看,一个人竟然跟着一对新婚夫妇去度蜜月,太荒谬、太搞笑了!幽默的效果就出来了。

所以在生活中,你可以多尝试这样视角的切换。如果从主观视角上来看,一件事让你觉得很平淡或者很苦恼,那么换成旁观者视角看会是什么样的;换成其他人的视角,又会是什么样的呢。这样转换之后,趣味和豁达就出来了。

遇到苦恼和困境,"跳出来"找答案

当你情绪低落的时候,可以试着用叙述者的身份,把这件事跟自己或者跟好朋友说一说。这在心理学上是一种心理暗示,能帮你抽离出来,不陷在负面的情绪里。

关于这一点,相信你在了解了旁观者视角之后会有更深的理解。遇到苦恼和困境,旁观者视角能帮助你"跳出来"看。听起来这像一句废话,但我想跟你分享一个小故事。

美国的喜剧女王琼·里弗斯(Joan Rivers)曾经是美国电视

04 沟通技巧是"术",做人方式是"道"

史上第一位女性脱口秀节目主持人,被认为是好莱坞旧时代的标志性人物。人到中年事业巅峰的时候,里弗斯突然和丈夫一起双双失业。丈夫因为承受不了失业和其他一连串的打击,选择了自杀。

多年之后,琼·里弗斯在节目里讲述了丈夫自杀后,她是怎样用"笑"帮助自己和女儿共渡难关的。

她说:"当时我不在家,15岁的女儿梅利莎(Melissa)接到了通知死讯的电话。后来女儿就陷入了深深的抑郁,因为前一天晚上她还在跟她的父亲通电话,她觉得自己是世界上最后一个跟父亲通电话的人,却没能发现和阻止悲剧的发生,非常自责。

"按照犹太人的习俗,人死后7天我们都会在家里守着,那整整一周我的女儿都像失了魂。她用刘海遮着脸,我连她的表情都看不见。守灵结束之后,我带她出去吃饭。看着她失魂落魄的样子,我非常难过,却怎么也触及不到她的内心。

"我们去了比弗利山庄一家非常有名的餐厅吃饭,这家餐厅非常贵。我们入座后打开菜单,我说:'梅利莎,如果你爸爸还活着,看到这么贵的价格,他肯定得再去自杀一遍。'

"当时我的女儿就笑了,我把我女儿'笑'回来了。"

生活总会遇到很多的不易，有句英语谚语说：When life gives you lemons, make lemonade. 翻译成中文就是：如果生活给你的是一颗酸柠檬，就把它变成带点甜的柠檬水。

笑就是其中的那点甜。

> 番外篇 你不用活得那么用力,也能成为你想成为的人

幽默的天赋少有,而豁达的人生态度是完全可以训练出来的。当然,豁达不止于让你变得幽默,更能让你体会到活着的乐趣。

金钱会随着你的热爱滚滚而来

我曾在《脱口秀大会》上讲过女人一定要有钱的段子。有人说，思文特别鸡贼，懂得塑造出一些有利于传播的词语和人设（嗯，希望我能一直这么鸡贼下去，老板要开心死了）。其实那一期，我是发自内心地想谈谈"钱"。

经常有人向我发出这样的疑问："该不该为了生计放弃梦想？""该不该因为生活负担放下自我价值？""该不该为了金钱放弃爱情？"这些我们常问的问题好像怎么都透着一股扭捏，即把对钱的需求裹了起来，甚至放到了梦想、自我价值和爱情的对立面上。

我们什么时候能不羞于谈钱？

我想分享几点我对金钱的看法。

首先，人还是要尽早满足自己对金钱的虚荣和欲望。在年轻的时候，体会过一些虚荣被满足，在你拥有更多时才不会轻易被金钱操控。

取悦自己，并没有什么丢人的。在可以负担的情况下，你可以给自己安排一笔"放纵基金"，专门用来买些在别人看来贵得有点离谱，但你就是喜欢的东西，比如一双靴子、一次旅行，或者在一家平时觉得非常奢侈的餐厅就餐。在一个包就能让你开心的年纪，你可以尽情地去开心。

但是这些，要建立在你经济独立的基础上。经济独立，人格才能独立。花别人的钱，你会付出更大的代价，比如利息，比如自由。

很多人抱怨父母操控自己的人生，你的父母之所以操控你的人生，告诉你该选什么工作、找什么对象，就是因为关心你，而你还没有彻底独立。你住着家里的房子，吃着父母做的饭菜，你当然需要做出让他们满意的人生选择了。

我的同事张博洋先生，人生最大的烦恼是他妈妈给他买了房子，但是他妈妈一定要决定家里的装修，墙刷什么颜色，沙发怎么摆。他来到上海以后，他妈妈说，要不要给你在上海买套房子？他说不用了不用了，上海限购买不了。挂断电话后他心中狂喜，天啊，上海限购实在是太棒了，终于可以租自己的破房子了！

我在微博上时常收到一些私信，有的女生问我："跟婆婆在一起相处不愉快，却也没钱出去住怎么办？"有的女生问我："生了孩子老公出轨了，被冷暴力怎么办？"她们大部分生活在小城市，没有工作，在家相夫教子。

我很想跟她们说，很简单啊，你要出去挣钱啊！有了钱，你才能有创造自己生活的可能性，才能不必看他人的脸色，也才能给自己一个基本的生活保障。有了工作，你才知道，原来世界这么大，你可以按自己的意愿去生活。

相反，如果你需要花别人的钱，很多事情就是这么的乏力。世上一切关系的本质都是功利的，不管是婆媳、夫妻，还是父母与子女。经济基础决定家庭地位这句话，你品，你细品。

其次，金钱是追求不尽的，我们可以用有限的金钱去享受无限的精彩。

人对金钱有虚荣心和欲望，在现有的条件下，可以力所能及地去满足自己的欲望。但是欲望和金钱是追求不尽的。

- 你问一个月入2000元的人，多少钱算够？他可能希望自己能月入20000元。
- 你问一个月入20000元的人，多少钱算够？他可能想买套房子，希望自己能年薪百万。
- 你问一个年薪百万的人，多少钱算够？他可能会告诉你，孩子上国际学校的学费太贵了，得再多做些投资才勉勉强强够。

路遥在《平凡的世界》里说，原来，人在什么条件下都可以活得很好。在这个时代，我理解其中的"很好"，不是因为克扣自己才看上去很好，而是通过对有限金钱的管理，让自己能享受无限的精彩。

年轻的时候没什么钱，但是有大把的时间，你可以多读书，多旅游，多谈恋爱（因为年轻时纯粹炽烈的爱情绝对是你一生的奢侈品）。

中年之后，你有了一定的积累，可以享受成熟富足的快乐，可以去买以前垂涎的手机，每天都提醒自己你是值得的。辛苦工作后，你可以偶尔做一个昂贵的SPA（水疗），感受挥金如土的快乐；你的朋友圈也会跟你一起升级，带你见证这个世界上不同的风景。

上面说了这么多，其实就一句话，不羞于谈钱，不齿于花钱。那么，怎么才能有钱呢？

首先，每天早上你要对自己大喊："我是最棒的！"这是卖过保险的梁海源给我的建议，哈哈，不值得大家参考，毕竟他自己还没有脱贫。

年轻的时候我们都为钱焦虑过，年纪大了，发现有的东西经过时间这个变量的洗礼好了许多。

2019年的聚会又见到以前的同学，许多人虽然秃头谢顶，但都事业有成，带着中年人特有的混浊而精明的眼神。这些同学并没有什么特别，他们就是千千万万普通白领中的一员，年龄到了，慢慢变成了小领导，慢慢执掌大局。他们每天做的事情都差不多，没有太多新鲜和创意，唯一的变量只有时间。

我突然发现，十年间的焦虑、迷茫都是没有意义的。有公众号说，一个人的生活取决于他业余时间在干吗。当然，有很多"大神"用业余时间就能成就非凡,像我们的呼兰同学,一边当着独角兽公司的首席技术官,一边还能在脱口秀舞台大"杀"四方,3个月时间就能准备1小时的专场。

但大部分人,都是像我和我的同学们一样,认真工作,好好生活,白天上班,晚上遛弯儿。他们并没有太多的人生规划和事业野心,本身素质不差,把手里的事情认真地做好,就足以过上还可以的生活。前提是,你不会因为过于焦虑而天天转换人生方向。

如果有人问我对于挣钱还有什么感悟,我想说,坚持你的热爱,金钱会随着你的热爱滚滚而来。

在这一点上,我一直觉得我爸是个很幸福的人。他从小就知道,自己喜欢机械,喜欢工程,所以学了机械工程。他小时候就喜欢自己买电阻,买电路板,组装收音机。他的收音机还会更新换代,研发到第八代收音机的时候,他要去上山下乡。于是他花了3元巨款买了零件,装了一台非常精美的收音机。但这个收音机被隔壁邻居小孩看上了,他就7元钱卖给了小孩。

我爸后来进过国企,改装过摩托车,去过广州本田装汽车生产线,开过汽修厂。他似乎不在意怎么赚钱,却赚到了不少钱。

他说,你首先要知道自己爱干什么,你就去干,最后总能赚到钱。

这听上去有点玄,但事实确实如此。现在,我是一名脱口秀演员,我的周围聚集了一帮因为热爱而赚钱的人。他们似乎天天在工作,但他们也没有整天在工作。

　　一直以来,我总想着,要是有一个仙女就好了,这个仙女最好就是十年后的自己,在我迷茫和痛苦时,她能来告诉我该怎么办。所以我想,如果我能穿越到十年前,我会告诉那个刚刚毕业正在痛苦中的我:"不用着急,你会有钱的,但你首先要知道自己爱什么。"

尊重别人不等于贬低自我

第一次感受到别人强大的自我，是在一个美国老太太那里。

她叫 Rose（罗丝），是一位来自美国的心理学老师，70多岁了，独居中国台湾。我和程璐第一次去她家就被震撼到了。

她家四处摆放着来自世界各地的美丽的瓶瓶罐罐，有精油，也有艺术品，空气中弥漫着植物和各种精油混合起来的令人舒适、独特而迷人的味道。她的墙上挂着充满异域风情的油画和挂毯。她家的每一样东西都色彩斑斓，让人过目不忘。你会觉得，这里的每一件东西在世界上似乎都是独一无二的。

Rose 非常友好，她请我们吃饭，并且告诉我们，以后来台北的话可以住在她家。她家有三个房间，主卧、客卧，还有一间工作室。她认真而慈祥地看着我们说："你们来这里住的时候，可以住在客卧，主卧还是要留给我自己。"

我当时心里小小地震惊了一下。作为一个中国人，我太习惯于亲戚朋友之间那种大而化之的客套："下次来我家吃饭。""下次来北京，就住我家。"具体来不来呢，再说。

Rose 的邀请，我本来也没当回事，没想到她竟然想到了细节，并且明确告诉我们：我欢迎你们，但我也有自己的空间，我们可以互相尊重。

我想，大部分人应该都有希望别人尊重自己空间的需求，但我几乎没见过谁能够如此大方得体地表达出来。这种坦率不仅对双方的关系没有任何伤害，反而让彼此在清晰友好的气氛中觉得更轻松了。

那一刻，我第一次感受到什么是强大而温柔的自我。原来，当我们向别人表达自我的时候，不必像说唱音乐中那样唱着："我有我的主张！这就是我的态度！" Rose 的眼神，透露着她对别人的尊重和对自己的爱。这种有爱的界限感，让我不由得心头一震。

关于尊重这件事，我有很多的记忆。

小时候，每每看到外国电影里大人牵着小女孩的手下车，说："Nice to meet you, young lady."（很高兴见到你，年轻的女士）我就觉得非常梦幻。"young lady" 这个词是多么的美好，它意味着，你有一个跟大人一样平等的灵魂，不论你现在多么的幼小，你都值得被好好对待和尊重。

尊重别人，不是一种态度，而是一种能力。没有被爱和尊重灌溉过的人，怎么会懂得温柔地对待别人呢？他的世界必定满目疮痍。他对待世界的方式，只能是他自己一直在感受的粗暴和怒斥。

番外篇　你不用活得那么用力，也能成为你想成为的人

我非常感恩自己生活在这样一个时代，从20世纪80年代到现在，我能看到身边人的精神面貌和心理状态都在发生着巨大变化。现在我们这一辈中年人，大部分已经不再是我小时候印象中的中年人了，他们乐观、积极、温文尔雅，懂得尊重女性。

我们的社会不知从何时起，早已把有风度奉为男性魅力的一个重要指标，大概也是因为我们从小就有条件被教育这个社会是有规则的，也被家长百般地关注和保护。纵然他们的爱不一定是我们想要的方式，但他们毕竟对我们深沉地爱着。

尊重他人和保持自我之间是什么样的关系呢？

首先，尊重别人，不等于贬低自我。你会发现，在沟通和社交中最有魅力的人，一定是既能注意到别人的诉求，也绝不忽视自己权益的人。

我们从小就听到太多美化"牺牲自己，成全他人和集体"的光辉案例，这些案例中蕴含着两个隐含假设：一是别人都很重要，"我"一点也不重要；二是只有牺牲"我"才能成全他人，自己和他人的利益是冲突的。

事实真的如此吗？可不可以有一种可能性，"我"很重要，"你"也很重要呢？

我姥姥生前经常对我说："唉，这个菜太贵了，你吃吧，姥姥吃就是浪费。"我面前放着一大盘海鲜，我完全吃不完，她却坚持一口不

吃。我只能告诉她:"你不吃的话,我只能扔掉了。"当我真的把菜快要丢进垃圾桶的瞬间,她才急忙说:"哎呀,我吃我吃!"

我们身边的好人太多,所以尊重别人显得非常简单,不忽视自己却不是那么容易。你需要时时给自己爱和关注,生命才会回报给你鲜活和丰盈。

其次,所有好的关系一定都是平衡的。保持自我,也尊重对方,对于一段关系来说相当重要。

好的相处状态是双方都能感到快乐。如果只有一方感到愉悦,另一方却是委屈和压抑,那吃亏的一方一定需要一些其他的补偿,这种关系才能持续下去。

例如,你和你的领导表面相处愉快,你处处为他考虑,是因为你们在工作场合有一些利益的往来。如果没有这份工作,同时脱离一切远期资源置换的可能性,让你继续跟他私下里做朋友,你还会愿意吗?你们的关系会瞬间因为不平衡而打破。

我们和别人的相处,正如我们的呼吸一样。一呼,必然对应着一吸,这是我们和世界交流最基本的方式,也维持着我们在这个世界上能够生存的基本条件。从现在开始,我们可以试着保持一份觉知,检索一下你身边的关系,想一想在哪段关系中你觉得不平衡了或者觉得太累,却又不得不继续下去。也许是家人,是朋友,是伴侣,让你感到付出过度,那么,停一停,让自己休息一下,告诉自己你也需要他们的回馈。

最后，在自我和他人之间需要保持一定的界限。如果在关系中能经营好自我和边界，你的个人魅力会极大彰显。

就拿亲密关系来说。很多人会不计代价地为对方付出，为的是赢得这段关系。但你要明白，如果你不能够让对方被你吸引，你的付出只会越来越无望。反之，如果能拥有自我，把焦点转移到自己身上，明确向对方表明：我为你付出是因为我喜欢你，但我也有自我，我也需要被尊重，我的付出不是无条件的。对方的潜意识就会明白，你是有价值的，人对于有价值的东西总会更加珍惜。这也是一段健康关系的基本前提。

当然，我知道当你爱上一个人的时候，这很难做到，我也曾经陷入丧失自我的至暗阶段。但你要告诉自己，刻意减少对他的关注，固然痛苦，但这一定是值得的。就像得了感冒一样，这种难受最终会过去，加油！

亲密关系只是我们众多关系的一个集中体现，其他的关系更是如此。同事、亲子、朋友之间都需要我们在尊重对方的同时保持自我。关系，是一门协调的艺术，涉及的是如何配置资源，让关系双方都满意。即使在有限的条件下，一个人暂时不能满意，那也要让对方明白，这次我为你委屈了自己，我需要你的感谢和重视，下次，我也希望能获得满足，请为我做出让步。

"你为我让步"这件事，在面对孩子的时候，尤其难开口。因为你在心里觉得他们只是孩子，即使他们侵犯了我，也要容忍。其实，如果我们把小孩子当成拥有完整人格的个体，他们也会做出有同理心的选择。

很多人会给孩子讲很多道理，"这个事情应该如何，你这样拿我的东西，是不对的"，孩子表面迫于压力听了你的大道理，但心里还是满腔委屈，也不明白为什么，就是不开心。其实，我们只需要对孩子表明：我也有欲望，也有诉求，你也要考虑我的感受。

我遇到过不止一次，被小朋友抢零食。每次我都会认真地告诉他们："这个我也想吃，你要给我留一些，好吗？"孩子们几乎都会很讲道理地谦让。

在这一点上，我的一个朋友做得就非常高明。她在女儿两岁的时候离婚了，女儿四岁的时候，她交了新的男朋友。她女儿当时非常不理解，说："妈妈，你怎么可以跟别的叔叔在一起？"

很多人面对孩子这样的问题，要么尴尬逃避，要么讲道理，比如，"叔叔也对你很好，你这样很不礼貌"。不论哪种方式，其实都是在回避你真正的欲望和需求：妈妈也需要男朋友，妈妈也需要爱。

如果你回避，孩子并不会真正地理解你，更不会明白，其实你也有私生活。我这位朋友当时对女儿说:"因为妈妈也需要谈恋爱啊。"

女儿说:"可是我不喜欢这个叔叔。"她对女儿说:"但是妈妈喜欢。这样,如果你以后交男朋友,妈妈不喜欢的话,你也能分手,那妈妈现在就分手好不好?"女儿听了,摇摇头说:"不好,那妈妈就跟叔叔玩吧。"

孩子是最理解欲望的,因为欲望就是最真实、最简单的理由。

表达欲望和自我,并不是一件容易的事。我们要先明白,欲望和自我都特别值得被认真对待,它们不是洪水猛兽。相反,如果你认真满足和倾听了自己的欲望,才有可能放下欲望,对世界温柔以待。

从来没有过珠宝,没戴过珠宝的女人,和拥有太多珠宝,但懒得戴的女人,一定有完全不同的气质。

发现欲望并有能力满足欲望,对我们来说,任重而道远。

最棒的人生，是认清自己的天赋有几分

我常常收到一些私信，说羡慕我的生活，觉得我做脱口秀是找到了人生的热爱，可以在舞台上发光发热，而自己却在苦恼要考研还是考公务员，不知应该选择怎样的人生方向。

回溯到 5 年前，考研还是考公务员也是我考虑的问题。我数学不好，甚至查了半天考哪个专业对数学要求最低，考 MBA（工商管理硕士）对收入增长是否有帮助。最后我做了一个决定，我要考法律硕士。因为这个专业看起来性价比最高，学的时间最短，也不太需要学数学。

书买回来了，看了两天，决定放弃。我学习一向不差，但我突然发现，我前二十几年的学习动力完全源于考试。

我从来没有给自己设计过我应该学这个或者学那个，然后奋发图强，实现自己的梦想。我甚至不明白什么是梦想。所以当我再次看着这些不喜欢的书，想到即使这个考试我没通过，对现在的生活也并没有什么影响，我就真的学不下去了。

那怎么才能找到你的方向呢？

知道自己爱什么，从来都是一种幸运

刚认识程璐的时候，我俩在一起聊当年高考填报志愿的事情。程璐告诉我，他高中时学习还不错，英语尤其突出，但其他的课他都不想学，每天狂背英语单词。可惜2003年高考，英语很简单，数学却很难。他凑凑合合考了个二本，填志愿的时候他觉得，不管上什么学校，他都要学英语。

他果然如愿以偿，去了一所普通的学校学英语。他们学校唯一的外教来自尼日利亚。程璐毕业后到了深圳，去过几家工厂和外贸公司，但始终没有丢下英语。在我认识他的时候，他已然是一名自由职业的英语口译了（虽然没什么活儿）。

他的职业道路给我很大的震撼。我记得当年填报志愿的时候，全班都是一副迷茫的表情，大家在互相打听：你报什么学校？你觉得选专业重要还是选学校重要？

我的班主任问我："你想学什么专业？"我说："嗯……我想学土木工程。"

其实说心里话，我首先想学表演，但我不敢说出口，班主任可能觉得这孩子长这么丑还痴心妄想，肯定精神不太正常。

其次，我想学外语，但因为种种原因，我也不想去外语学院。

后来，我报专业的理由很简单，因为我的同学告诉我，你这个专业，毕业以后年薪可以达到 20 万元！我说行，就它吧！我的很多大学同学后来都迅速达到了年薪 20 万元，但我因为太不喜欢我的专业了，整个大学期间都没怎么好好学习，直到现在还生活在专业以外，连专业课的名字都快忘光了。

我时常想，如果当年我硬学了表演，那肯定是过不了面试的；如果去了外语学院，平行世界的那个我会是什么样的呢？这世上又有几个人，能一开始就清晰地明白自己喜欢什么呢？

在我那个年代，大家都觉得，追求自己的梦想是一件愚蠢的事，成熟的人应当现实和功利一点。还好现在，大家都渐渐明白，知道自己喜欢什么是何其美好和幸运，又能节省多少生命和光阴。

没有什么是正确的方向，你需要听到内心的声音

我也曾对人生方向极度困惑。

刚毕业填写简历时，总有一个问题是：你对于工作的三年计划、五年计划是什么样的。很羡慕那些胸有成竹的同学们，洋洋洒洒，看得通透。

来做脱口秀之前，我在一家国企工作。工作内容很简单，生活很清闲，但我却很焦虑，总觉得青春就在这样的闲适中被无声无息地荒废了。

于是，我用放假的时间学了塔罗牌①，学了占星，学了心理学。有一天放假，我和同事去了一家脱口秀俱乐部，在那里我认识了程璐，也就有了后来的故事。

在我离开公司的前两个月，我已经可以自己出去进行脱口秀商演了。记得辞职那天，我去找财务签字，同事问我："你准备辞职去哪？"我说："我要去上海做脱口秀。"同事瞪大了眼睛，我说："你觉得不可思议吗？"他说："我觉得你早该去了。"

只有知道自己的天赋和热情有几分，才能成就最棒的人生

很多人有可能会问，怎样才能知道我们现在做的事情是否正确。最简单的方法是，你可以检索自己做这件事情的动机，以及你对这件事情的擅长程度，二者做一个加权平均。

如图，天赋和热情分布在两个坐标轴上，分别对应着短期和长期的不同结果。

比如，很多朋友对我说，他们非常想做脱口秀，那么你先要明确你想做脱口秀的目的是什么。是因为舞台上的风光，是因为觉得能赚钱，是因为想进娱乐圈，而这是一个最能让"素人"②爆红的门类，还

---

① 塔罗牌，由"tarot"一词音译而来，被称为"大自然的奥秘库"。它是西方古老的占卜工具，中世纪起流行于欧洲。——编者注
② 素人在这里是指平民、平常人、朴素的人。——编者注

天赋与热情矩阵

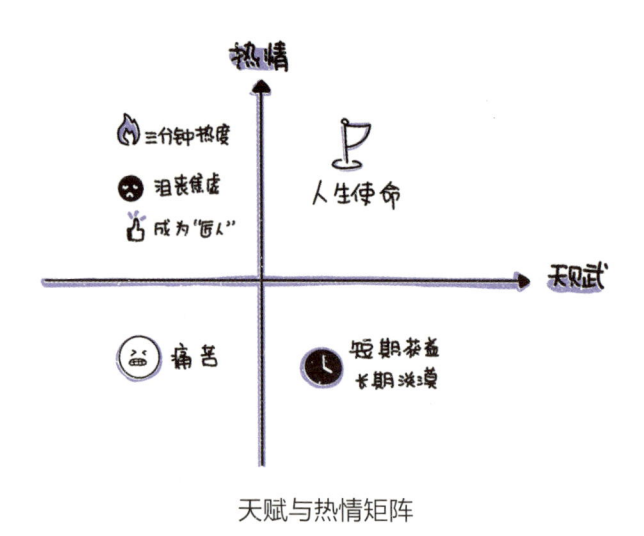

是热爱在舞台上逗笑观众？

好，这个事情搞清楚之后，我们再来看看你对脱口秀这门艺术的擅长程度。《手把手教你玩脱口秀》这本书的开头有一份详细的自测表，中间也有很多练习，你可以看看你是否具备做脱口秀的天赋。

如果你对一件事天赋和热情兼备，那恭喜你，你找到了你的人生使命。即便你对这件事没有热情也没关系，我们总要吃饭，我们可以骑驴找马，慢慢靠近我们心中真正的热爱。这不是一件丧失理想化的事情，这是务实。

不过要提醒一句，做你热爱的事情不代表每天都是快乐的。没有一位钢琴家说自己小时候练琴的时候太开心了。经过适当的痛苦磨砺，再去达到我们能够企及的成功，这种感受便是快乐的巅峰。毕竟没有困难和关卡，游戏也不能称为游戏。

最棒的人生不是你成就了多了不起的事，而是你认清了自己的天赋是几分，且完成了跟你的天赋相匹配的任务。既不强求自己成功，也不委屈自己的才华，这就是我能想象到的最幸福的状态。